DES INONDATIONS

ET

DES MOYENS DE LES PRÉVENIR

PAR M. L. HUN

CONSERVATEUR DES FORÊTS.

PARIS

AU BUREAU DES ANNALES FORESTIÈRES,

Rue du Pont de Lodi, 3.

NANCY

LIBRAIRIE DE GRIMBLOT ET Vᶜ RAYBOIS,

Place Stanislas, 7.

1856.

DES INONDATIONS

ET

DES MOYENS DE LES PRÉVENIR.

Nancy, imprimerie de veuve Raybois et comp., rue Saint-Dizier, 125.

DES INONDATIONS

ET

DES MOYENS DE LES PRÉVENIR

PAR M. L. HUN

CONSERVATEUR DES FORÊTS.

PARIS

AU BUREAU DES ANNALES FORESTIÈRES,

Rue du Pont de Lodi, 3.

NANCY

LIBRAIRIE DE GRIMBLOT ET Vᵉ RAYBOIS,

Place Stanislas, 7.

1856.

Le lit des cours d'eau a une capacité maxima. Les inondations qui viennent de désoler tant de contrées ont démontré que cette capacité était, le plus souvent, insuffisante pour le débit de certaines crues qui, malheureusement, ne sont plus un fait accidentel, mais se reproduisent avec une fréquence des plus menaçantes pour l'avenir.

A n'envisager ces inondations que dans leurs effets sur nos vallées les plus riches et les plus populeuses, le remède direct est l'augmentation de la capacité du lit des cours d'eau, par leur élargissement, leur creusement ou leur endiguement. Ce moyen n'est pas absolument impraticable, mais ce serait une entreprise immense, car tous les riverains des cours d'eau ont un droit égal à être protégés. Peut-être trouverait-on une impossibilité relative dans l'énormité de la dépense ?

Quoi qu'il en soit, ce moyen de défense ne serait efficace que contre les cours d'eau réguliers, ceux qui ne charrient pas de matériaux, et dont la vitesse ne dépasse pas un certain degré ; mais il serait absolument inapplicable sur les cours d'eau torrentueux des régions montagneuses. Ici, l'art de l'ingénieur est impuissant, et les ressources de la fortune privée, celles même de la fortune publique, s'y épuiseraient inutilement. Là cependant il y a aussi d'immenses intérêts compromis.

Ce n'est réellement qu'à leur origine et dans leurs causes, que les inondations peuvent être combattues ; elles ne peuvent même être que prévenues, et c'est uniquement par ces moyens que l'on comprend sous la qualification générique de *reboisement des montagnes*.

Ce remède est celui que depuis longtemps a pressenti l'instinct populaire ; c'est encore le seul dans lequel ait foi l'opinion publique. Des interprètes de talent ne lui ont pas manqué. Il suffit de citer le nom de M. l'ingénieur Surrell.

Aux interprétations de cette idée, nous venons ajouter la nôtre.

Nous avons cherché à démontrer avec plus de précision l'action défensive de la végétation spontanée des bois et des pâturages contre les effets des eaux, les facultés pour l'absorption et la dérivation des eaux qu'ils possèdent en eux-mêmes et celles qu'ils développent dans le sol, à l'instar des cultures ordinaires, mais à un degré bien supérieur.

Nous avons formulé les voies et moyens pour garantir la conservation ou obtenir la restauration de la végétation ; c'est par la prohibition des pratiques qui détruisent ou affaiblissent le boisement, par la défense de cultiver les terres qui se ravinent et par la restriction des jouissances abusives du pâturage. L'appréciation sur laquelle est fondée cette partie de nos propositions est celle-ci, c'est que, sur l'immense majorité des terrains actuellement dénudés ou dégradés, il suffit de protéger l'action spontanée de la nature, pour obtenir la restauration de la végétation ligneuse ou herbacée.

Pour les cas spéciaux qui exigent d'urgence l'intervention du boisement, nous admettons l'expropriation.

Un projet de loi établit le droit d'intervention de l'Etat et en règle l'exercice.

Vient enfin l'exposé des moyens d'exécution et des mesures administratives.

Ce travail n'a pas été fait pour la circonstance. Il date de quelques années.

Il a pour objet spécial les départements des Hautes-Alpes, de la Drôme et de l'Isère. C'est, avec celui des Basses-Alpes, la contrée classique des torrents. Si donc les moyens que nous proposons doivent y être efficaces ils le seront *à fortiori* pour toutes les autres localités.

Environ un quart de nos départements exigeront l'application des moyens que nous proposons, sur une portion notable de leur territoire, et il y en a peu parmi les autres où il ne puisse être reconnu utile d'en faire autant sur une échelle restreinte. Mais on verra que l'article 2 de la loi ne fait qu'investir le Gouvernement d'un droit et qu'il lui laisse toute latitude sur l'opportunité et la mesure de son intervention. Il pourra donc l'étendre ou la restreindre suivant les faits qui se produiront et la possibilité de ses moyens d'exécution.

On remarquera que nous avons écarté toute considération ayant pour but l'extension et l'amélioration de la culture forestière ; nous n'admettons cette culture que comme moyen de défense et de dérivation. Ce n'est pas que nous méconnaissions l'importance qu'elle a, ni celle surtout qu'elle doit acquérir par ses produits. C'est une question d'avenir qui ne peut échapper aux esprits clairvoyants.

Les mines de houille et d'anthracite s'épuiseront. Heureux alors nos descendants, si notre prévoyance leur a préparé des produits forestiers assez abondants pour y suppléer. La pensée des ressources réunies dans nos montagnes, que pourraient présenter à l'industrie, la force motrice de leurs cours d'eau régularisés et le combustible de leurs forêts restaurées, a été exprimée et ce n'est pas une vaine pensée ; mais elle entraîne celle de quelques sacrifices actuels aux intérêts de l'avenir ! C'est pourquoi nous avons cru prudent de l'écarter et de n'admettre de reboisement que dans la proportion qu'exige impérieusement la protection des intérêts contemporains.

DES INONDATIONS

DES MOYENS DE LES PRÉVENIR.

EFFETS DES TORRENTS.

Tous les cours d'eau des Alpes du Dauphiné, depuis les principaux tels que l'Isère, le Drac, la Drôme, la Durance et les Buech, jusqu'aux plus petits ruisseaux, sont torrentueux. Tous sont sujets à des crues aussi considérables que subites et charrient par moment des terres, des graviers, des galets ; il y en a même, comme l'Isère et le Drac, dont les eaux sont toujours troublées par le limon qu'elles entraînent. Chacun de ces cours d'eau attaque plus ou moins les rives et le fond de son lit, les affouille, s'y charge de matériaux dont il va plus loin engraver les meilleures terres et quelquefois même les habitations ; et après avoir exercé individuellement sa puissance destructive, vient apporter son contingent à ces débordements d'eaux chargées de graviers ou au moins de limon qui ravagent si souvent les rives des grands cours d'eau, et, en comblant leurs lits, barrant leurs embouchures, mettent obstacle à la navigation et au flottage, ajoutent de jour en jour aux brèches déjà faites à la fortune privée et à la fortune publique, et augmentent les dangers pour l'avenir.

On sait que c'est au fond des vallées, sur le bord des cours d'eau, que se trouvent les terres les plus productives, ordinairement même les habitations avec leurs jardins ; c'est donc la portion la plus riche du domaine agricole et industriel qui est compromise.

Y a-t-il du reste encore quelque chose à révéler sur les effets destructeurs de ces cours d'eau ?

A ceux qui ont parcouru les lieux, il a suffi d'un coup d'œil pour juger combien sont grands les désastres déjà consommés et combien le sont plus encore les dangers de l'avenir.

A ceux qui n'ont pu voir par leurs yeux, les renseignements les plus complets et les plus authentiques n'ont pas fait défaut (1). Pour nous, qui avons visité les contrées les plus montagneuses du Dauphiné, depuis le fond des vallées encore riches que les eaux ravagent ou menacent, jusqu'à l'origine des ravins qui leur fournissent des éléments de destruction, nous n'avons rien de nouveau à signaler. A cette masse imposante de témoignages, nous ne pouvons ajouter qu'un témoignage de plus.

Dans nos tournées de 1850, 1851 et 1852, nous avons successivement exploré toute la partie accidentée du Dauphiné.

---

(1) Voir les écrits de MM. de Ladoucette, préfet des Hautes-Alpes ; Dugied, préfet des Basses-Alpes ; le mémoire de M. l'ingénieur Surrell ; le compte rendu d'une inspection officielle dans le Midi, par M. Lorentz, ex-administrateur des forêts ; le mémoire de M. Blanqui à l'Institut ; les procès-verbaux des Conseils généraux des Hautes-Alpes, de la Drôme, etc. ; les rapports des agents forestiers et en particulier de M. l'inspecteur Delafont ; le compte rendu des discussions aux Chambres et aux Congrès agricoles.

Bien que prévenu par la lecture de ce qui a été écrit sur ce sujet, l'impression que nous avons ressentie dès notre premier voyage a dépassé toutes nos prévisions ; dans les suivants et toutes les fois que nous avons parcouru ces bassins désolés, cette impression s'est plutôt accrue qu'affaiblie.

Presque tout le département des Hautes-Alpes et une grande partie de ceux de la Drôme et de l'Isère offrent véritablement l'aspect d'un pays qui se détruit, qui marche à grands pas vers sa conversion en un désert. Presque toutes les terres y sont menacées, et c'est par un fléau qui agit sans cesse et dont la puissance destructive s'accroît même des désastres déjà produits.

Un savant, M. Blanqui, qui a vu les lieux, en a tracé le tableau dans un mémoire à l'Académie des sciences morales et politiques. Ses descriptions paraissent empreintes d'exagération et cependant elles ne font que constater exactement la situation misérable à laquelle se trouvent réduites, à un plus ou moins haut degré, presque toutes les populations dites pastorales du Dauphiné.

« Des phénomènes de détresse inouïe se manifestent sur
» presque tous les points de la zone montagneuse et la solitude
» y acquiert un caractère de désolation et de stérilité indéfi-
» nissable ; la destruction successive des forêts a tari tout à la
» fois, en mille endroits, les sources et le combustible, c'est-à-
» dire, après la terre, l'eau et le feu. Entre Grenoble et
» Briançon, dans la vallée de la Romanche, il existe plusieurs
» villages réduits à une telle pénurie de bois que les habitants
» sont obligés de faire cuire leur pain à l'aide d'un combustible
» ammoniacal composé de fientes de vaches séchées au soleil.
» Si quelque chose manquait à l'énergie d'une telle démonstra-
» tion, j'ajouterais que le pain est généralement cuit pour un
» an, qu'on le coupe à coups de hache et que j'ai retrouvé en

» septembre une fournée de ce pain par moi-même entamée
» en janvier.

» Je me borne à citer ces particularités caractéristiques d'une
» situation qui tend malheureusement à se généraliser, et que
» nous expliquerons plus tard en indiquant les moyens écono-
» miques d'y pourvoir. »

A cette citation j'en ajouterai une seule, dont l'autorité n'est
pas contestable ; elle est empruntée à un rapport officiel du 17
mars 1853, de M. le comte de Bouville, préfet des Basses-Alpes.

« Il est certain que le sol productif des Alpes diminue chaque
. jour avec une effrayante rapidité, emporté qu'il est par le
» fléau sans cesse croissant des torrents ; toutes les montagnes
» des Alpes sont aujourd'hui dénudées, en totalité ou en grande
» partie. Leur sol brûlé par le soleil de Provence, piétiné par
» le mouton qui, ne trouvant même plus à la surface l'herbe
» nécessaire à sa subsistance, gratte la terre pour y chercher
» une racine qui le nourrisse ; ce sol est périodiquement lavé,
» entraîné par la fonte des neiges et les orages de l'été ; il roule
» avec les cailloux qui formaient son sous-sol, même avec des
» quartiers de roche ; mille petits ruisseaux se confondent, tous
» chargés d'une boue noire ou jaune, suivant la nature du ter-
» rain qui vient d'être emporté ; le torrent est formé, les affouil-
» lements commencent, les berges sont détachées, et une masse
» d'eau, de boue et de pierres envahit la vallée et la plaine,
» détruisant tout sur son passage, récoltes, bestiaux, maisons,
» routes et ponts ; quelques heures après tout est écoulé, mais
» l'œuvre de la destruction est accomplie ; et si dans la mon-
» tagne le maigre champ du laboureur est emporté, dans la
» vallée l'héritage fertile est recouvert d'une couche de graviers
» et de rochers, dont l'épaisseur dépasse souvent un mètre, et
» croît chaque année.

» Je ne m'appesantirai pas sur les effets des torrents : depuis
» soixante ans, ils ont été trop souvent dépeints, pour qu'il
» puisse être utile que j'y revienne ; mais ce qu'il importe de
» constater, c'est que la dévastation s'accroît tous les jours. La
» largeur de la Durance dépassant aujourd'hui dans certains
» endroits deux mille mètres pour laisser couler un filet d'eau
» qui n'atteint pas 20^m en temps ordinaire, dit assez quels sont
» les ravages. Là où, il y a dix ans, on voyait encore quelques
» bois, quelques champs en culture, il n'y a plus maintenant
» qu'un vaste torrent. Il n'est pas une montagne qui n'en pos-
» sède au moins un, et chaque jour, il s'en forme de nouveaux.

» Il est bien évident que dans ces conditions, la quantité du
» sol arable diminue ; j'en trouve encore la preuve dans la
» dépopulation du pays. En 1852, j'ai dû signaler au Conseil
» général, que d'après le dénombrement fait en 1851, la popu-
» lation des Basses-Alpes avait diminué de 5,000 habitants
» dans la période quinquennale de 1846 à 1851, et les Maires
» auxquels j'ai demandé la cause de cette diminution ont été
» unanimes pour reconnaître qu'elle provenait des émigrations
» de familles de cultivateurs qui ne trouvant pas aujourd'hui
» des moyens d'existence, là où leurs pères avaient autrefois
» l'aisance...
....

» Si des mesures promptes, énergiques, ne sont pas prises,
» il est permis de préciser presque avec exactitude le moment où
» les Alpes françaises ne seront plus qu'un désert. La période
» de 1851 à 1856 amènera une nouvelle diminution dans le
» chiffre de la population. En 1862, le Ministère constatera
» une nouvelle réduction continuelle et progressive dans le
» chiffre des hectares consacrés à la culture, chaque année
» aggravera le mal, et dans un demi-siècle, la France comptera
» des ruines de plus et un département de moins. »

Il serait superflu de s'étendre davantage sur ce sujet. Un fléau exerce ses ravages sur le domaine agricole et même sur le domaine industriel de plusieurs de nos départements. Sur le revers des montagnes, il enlève le sol des champs et couvre de leurs débris les terrains inférieurs ; dans les vallées, de bienfaisants que devaient être les cours d'eau, il les rend destructeurs ; c'est jusqu'à leur embouchure dans le Rhône, c'est jusque sur le Rhône lui-même qu'il étend son action, et sa puissance va croissant d'années en années, et avec elle, la stérilité et la dépopulation.

Ce fléau est-il donc sans remède, et de vastes contrées, encore productives aujourd'hui, sont-elles fatalement vouées à la stérilité dans un avenir prochain ?

Notre conviction est que le remède existe ; que non-seulement on peut préserver du fléau ce qui jusqu'à présent lui a échappé de la fortune privée et de la fortune publique, mais qu'on peut même lui reprendre la plus grande et la meilleure partie de ce qu'il leur a enlevé.

DES CONSTRUCTIONS COMME MOYENS DE DÉFENSE ET D'EXTINCTION.

Ce n'est pas dans les travaux d'art proprement dits que l'on peut trouver des moyens de supprimer les causes des torrents, de les éteindre, et ce n'est que dans des conditions assez restreintes, qu'on peut opposer efficacement des constructions aux effets des eaux.

Car pour supprimer, ou au moins atténuer les causes des torrents, il faut consolider le sol dont les éboulements fournissent les matériaux qu'ils transportent ; il faut diminuer la puissance des eaux qui l'attaquent.

Pour atteindre ce but, cherchera-t-on à neutraliser les dangers que présente l'inclinaison des terres par des murs de soutenement ? Ce moyen serait sans doute d'un effet des plus puissants ; mais s'il est exécutable pour quelques centaines d'hectares, mettons même pour quelques milliers, destinés à des cultures d'un grand rapport, auprès des villes et des villages, l'est-il pour un million d'hectares rebelles de leur nature, impropres par leur situation à ces cultures privilégiées. Or, c'est sur plus d'un million d'hectares que la rapidité des pentes et le manque de consistance des sols demandent d'être protégés contre l'action des eaux.

Au transport des matériaux opposera-t-on des barrages disposés de manière à provoquer leur dépôt sur les places où il sera le moins dommageable ? Nous admettons que ce moyen peut avoir de l'efficacité ; mais sur les cours d'eau qui charrient beaucoup de matériaux, les barrages, pour produire un effet suffisant, devront être échelonnés à de courtes distances et ils devront successivement ensuite être exhaussés à mesure que les dépôts neutraliseront leur puissance. Or, un moyen semblable est-il généralement applicable ? nous pensons qu'il ne peut être, économiquement, praticable que dans un cercle assez restreint.

Et contre les effets des torrents est-ce dans les endiguements proprement dits que nous trouverons des moyens de défense efficaces et généralement applicables ?

Depuis longtemps déjà, plus d'un siècle peut-être, on a commencé à opposer des endiguements à l'effet des torrents. Entreprises restreintes, il est vrai, aux continents des meilleures terres situées au fond des vallées ; mais n'admettrons-nous pas de suite, en fait, que l'emploi de ce moyen ne peut, à raison des dépenses qu'il exige, être appliqué qu'à la défense des propriétés agricoles et industrielles de grande valeur ; qu'il est économiquement inapplicable à la défense des propriétés de valeur médiocre ; qu'il est absolument inefficace hors des vallées dont l'inclinaison commence à se rapprocher sensiblement de celle des cours d'eau réguliers ; qu'en somme, ce n'est dans les départements dont il s'agit, que sur les plus grands cours d'eau et seulement sur une portion assez faible de leur cours que ce moyen de défense est praticable ?

Quand on a endigué en dehors de ces conditions, quels ont été les effets obtenus ? On est parvenu à préserver quelques continents de terre ; mais à quel prix ? Ce n'est pas le tout que d'élever une digue ; les déblais que charrient les eaux n'exhaussent-ils pas constamment le fond du lit ; il faut constamment aussi enlever ces déblais, il faut exhausser les digues ; une crue, fruit d'un seul orage, vient souvent dans quelques heures neutraliser toute la puissance d'un endiguement construit et maintenu à grands frais ; c'est toujours à recommencer. — Le malheureux propriétaire est soumis ici à une servitude inverse de celle des Danaïdes ; mais il n'est pas moins impuissant qu'elles à remplir sa tâche ; un quart, moitié, toute la valeur capitale de sa propriété y sont successivement engloutis, non compris cet autre capital peut-être plus considérable encore du labeur, de l'industrie de toute sa famille.

L'issue de cette lutte si visiblement inégale peut-elle être douteuse ?

Quand d'un point culminant, on mesure de l'œil, d'un côté, la profondeur et le développement des ravins, les amas de matériaux dont la marche y est arrêtée, et qui n'attendent qu'un orage, un dégel pour la continuer ; l'étendue des bassins qui débitent ces matériaux et ces eaux, leur élévation et la rapidité de leurs pentes ; lorsqu'on mesure aussi, d'un autre côté, les endiguements de quelques mètres de hauteur par lesquels les propriétaires isolés, les syndicats veulent préserver les derniers champs qui leur restent ; les ressources en bras et en argent dont ils disposent ; quand on voit d'une part la puissance de l'attaque et de l'autre la faiblesse de la défense, on se sent instinctivement pénétré de l'insuffisance des endiguements ; et si l'on calcule et si l'on raisonne, la raison et le calcul viennent confirmer cette appréciation instinctive.

« Combien toutes les digues paraissent débiles, à côté de ces
» grands et puissants moyens dont dispose la nature, lorsque
» l'homme cesse de la contrarier et qu'elle poursuit patiemment
» son œuvre à travers les longs intervalles des siècles ! Tous
» nos mesquins ouvrages ne sont que des défenses, ainsi que
» l'indique même leur nom. Ils ne diminuent pas l'action des-
» tructive des eaux ; ils l'empêchent seulement de s'étendre
» au-delà d'une certaine borne. Ce sont des masses passives
» opposées à des forces actives ; des obstacles inertes qui se
» détruisent, opposés à des puissances vives qui attaquent tou-
» jours et ne se détruisent jamais. Là paraît toute la supériorité
» de la nature et le néant des artifices inventés par l'homme.

» Je ne fais pas ici un rapprochement stérile. Je veux
» laisser entrevoir qu'il y a mieux à faire, pour briser les tor-
» rents, que d'entasser à grands frais des maçonneries et des
» terrassements qui seront toujours, quoi qu'on fasse, de dispen-
» dieux palliatifs, plus propres à masquer la plaie qu'à l'extirper.
» Pourquoi donc l'homme ne demanderait-il pas un secours à
» ces puissances nouvelles, dont l'énergie et l'efficacité lui sont
» si clairement révélées ? Pourquoi ne leur demanderait-il pas
» de faire encore une fois et sous l'impulsion de son propre
» génie, ce qu'elles ont déjà fait anciennement sur tant de tor-
» rents éteints et par le seul mouvement de la nature ? »

Dans ces quelques lignes, M. Surrell n'a-t-il pas résumé
l'appréciation de tous les éléments de la question ?

Admettons donc que tous ces endiguements, tous ces travaux de terrassements et de déblais, ceux mêmes des associa-
tions les plus considérables, ceux mêmes que de vastes projets
veulent opposer au fléau, et pour lesquels on demande le
concours des départements et de l'État, ne sont tout au plus,
tant que la consolidation des terrains supérieurs n'aura pas
supprimé le transport des matériaux, que des palliatifs d'un
effet un peu plus ou un peu moins durable ; — que dans les
conditions que présentent les torrents, si ces défenses sont
réellement efficaces pour les propriétés qui en sont l'objet,
elles ne font que déplacer le mal et le rejeter sur les propriétés inférieures, souvent après en avoir encore augmenté
l'intensité ; — que lorsque l'action du fléau a acquis toute sa
puissance destructive, elle est à peu près, si non tout à fait
irrésistible, ou si elle peut être neutralisée, c'est par des ouvrages dont la dépense est supérieure à la valeur des terrains
que l'on veut garantir.

DE LA VÉGÉTATION COMME MOYEN DE DÉFENSE
ET D'EXTINCTION.

C'est donc avec les forces vives de la nature qu'il faut combattre le fléau, c'est avec elles seules que l'on peut atteindre les causes.

Cherchons à voir de près, à analyser, à préciser ces effets de la végétation auxquels, écho de tant d'autres qui nous ont précédé dans l'examen de cette question, nous attribuons une puissance si merveilleuse.

Les torrents, ces formidables agents de destruction, ne sont que la réunion d'affluents plus faibles, qui se ramifiant et se sous-ramifiant s'étalent en ces myriades de rigoles dont le réseau enveloppe tout le territoire des terres découvertes de nos montagnes.

Dans ces hautes régions, l'œil peut mesurer les effets de la végétation sur ces éléments des torrents; on y voit un arbrisseau, une touffe d'herbe résister victorieusement à l'effort des eaux d'une de ces rigoles, ralentir et briser son cours, le diviser; et la vue de cette lutte fait naître l'idée d'opposer à cette infinité d'éléments moléculaires des torrents, cette autre infinité d'agents de résistence et de conservation que l'on rencontre dans les végétaux.

Les racines de tous les végétaux, depuis ceux herbacés les plus faibles, jusqu'aux grands arbres de nos forêts sont, pour défendre le sol contre le ravinement, des agents mécaniques d'une grande puissance. Ceci n'a pas besoin de démonstration; il n'est personne qui n'ait éprouvé, en essayant d'arracher un arbrisseau, quels sont le développement et la force des racines du moindre d'entre eux.

Pour arrêter les éboulements, pour fixer et faire prendre

assiette aux pierres qui se détachent des rochers, aucune digue ne peut suppléer à celle qu'offrent les arbres ; non-seulement à cause de la dépense des constructions, non-seulement en raison de la plus grande puissance des végétaux ; mais parce que les digues qu'ils forment sont en quelque sorte vivantes, et que tandis que les constructions sont plus ou moins vite, mais inévitablement, envahies par les attérissements qui montent continuellement, la végétation monte avec eux et les domine toujours.

C'est ainsi que sur des terrains dominés par des bancs verticaux de rochers viennent successivement se placer et se fixer les détritus de ces derniers, suivant un talus dont l'angle est infiniment plus aigu que celui que le calcul assigne à l'assiette naturelle des remblais.

Cet effet est visible à tous les yeux. Mais le raisonnement et le calcul ne l'indiquent-ils pas ? quel est l'ingénieur qui, ayant carte blanche pour la dépense, ne se ferait fort de maintenir des terres suivant une inclinaison quelconque, par un réseau de pilotis, de clayonnage et de constructions ? Or, ce réseau d'ouvrages artificiels est remplacé ici avec une supériorité énorme de force et surtout de durée par le réseau naturel que forment les tiges et les racines des végétaux.

La tendance des corps à se niveler n'est pas contestable. Les végétaux peuvent être opposés à cette tendance. Sans doute on ne peut songer à supprimer absolument tout mouvement du sol des montagnes vers les régions inférieures ; mais si l'on obtient que ce mouvement se fasse insensiblement et de telle sorte que la superposition des sols des montagnes sur ceux des vallées s'opère sans dommage pour les cultures, ne sera-ce pas un résultat suffisant pour les besoins de l'humanité ? Or, ce résultat peut être obtenu au moyen des forces vives de la végétation.

Mais les végétaux ne sont pas seulement des agents mécaniques de résistence contre l'action des eaux, les éboulements et la chute des terres et des roches ; ils sont principalement les agents d'une force dérivatrice encore plus générale et plus puissante. Cette force, les arbres forestiers la possèdent à un degré éminent.

Par leur feuillage, les arbres ralentissent la chute et l'écoulement des eaux pluviales ; ils en retiennent une partie qui s'évapore.

Par la couche d'humus et de feuilles dont ils couvrent le sol, par celle de terre que leurs racines divisent et ameublissent jusqu'à une grande profondeur, ils préparent aux eaux un récipient d'une immense capacité. C'est par là qu'un passage est ouvert aux eaux pluviales pour arriver jusqu'aux fissures des roches, jusqu'aux couches des sols imperméables, d'où elles gagnent les canaux et les réservoirs souterrains qui alimentent les sources. C'est là que les racines puisent l'eau qui est l'agent le plus puissant de la vie végétale et la soumettent à son action qui en décompose une partie, s'en assimile les éléments, et en fait arriver le reste à la surface des organes respiratoires qui la rendent à l'atmosphère.

Ce travail de la vie végétale exerce particulièrement sur le sol une action infiniment plus puissante qu'on ne le pense. Par lui ses propriétés physiques élémentaires sont profondément modifiées. Dans les terres les plus dépourvues naturellement de pénétrabilité et d'hydroscopicité, ces propriétés sont suppléées par cette action végétale qui, faisant envahir ces terres par ce réseau infini de racines et de radicules, les soulève, les divise et y fait arriver l'air, l'eau, l'humus.

Y a-t-il un sol absolument infertile pour le cultivateur à qui les bras, les amendements, les engrais ne sont pas comptés ? Ce sol est bientôt fertilisé. L'action de la végétation spontanée est plus lente, mais non moins sûre. Au lichen qui commence le travail de la décomposition des roches, finira par succéder une forêt d'une puissante végétation, si l'homme n'intervient pas, à moins que ce ne soit comme aide et protecteur. Nous avons de riches forêts portées par des sols appartenant à toutes les formations de la série géologique./

Cette action végétale n'a pas moins de réalité que les propriétés physiques des corps qu'on a pu déterminer avec la précision des procédés d'une science positive ; mais peut-être n'est-elle pas assez connue, ou du moins n'en a-t-on pas assez tenu compte dans le domaine scientifique. Il ne paraît pas en tout cas que la puissance de ses effets ait été l'objet d'une attention suffisante au point de vue pratique qui nous occupe.

Il ne serait pas impossible de calculer assez approximativement cette puissance. Il faudrait classer les terrains peuplés de végétaux en plusieurs catégories, suivant l'espèce, la consistance et la force des végétaux qui les couvrent ; suivant la profondeur du sol perméable ; suivant le degré de pente. Des observations faites sur chacune de ces classes, on déduirait la capacité d'imbibition du sol, celle du feuillage pour retenir les eaux et les exposer à l'évaporation, la force des obstacles qui s'opposent à l'écoulement et le ralentissent. On a recueilli des observations sur le volume des eaux pluviales, soit en moyennes annuelles, soit par saison, soit même par orage ; elles sont loin d'être complètes, cependant elles donnent déjà de grandes lumières sur cette question. Ainsi, on admet que la nappe d'eau produite par les plus forts orages n'a guère plus d'un décimètre d'épaisseur. Or, la couche de terre perméable des forêts bien peuplées, y compris l'humus, a, sur de grandes surfaces, une profondeur plus que décuple. Il n'y a pas de forêts, je ne parle pas des bois ruinés, épuisés, auxquels on donne à tort cette qualification, mais de terrains boisés, comme le sont les forêts de l'Etat et toutes les forêts communales des départements de l'Est, dont le sol n'ait une capacité d'imbibition supérieure au volume d'eau produit par les plus forts orages. C'est ainsi que s'explique ce fait qu'après des pluies diluviennes, les cours d'eau sortant des forêts bien peuplées ne subissent qu'une faible augmentation de volume, laquelle se soutient pendant assez longtemps, et que leur limpidité n'est pas troublée, ou l'est très-peu.

Ces faits sont faciles à observer. Ils se produisent journellement sur d'immenses étendues de terrain, avec plus ou moins d'énergie. Plusieurs de nos forêts des Alpes et des Pyrénées, toutes celles des Vosges les font voir au plus haut degré de puissance. Il suffirait, pour s'en pénétrer, de les parcourir pendant et après de forts orages. Mais combien peu y vont à la recherche de ces observations et parmi ceux que des excursions d'affaires ou de plaisir ont placés accidentellement en présence de ces effets, combien peu les ont observés à ce point de vue spécial.

Sous le rapport qui existe entre la capacité d'un terrain bien couvert de végétation pour l'absorption et la dérivation des eaux et le volume de celles produites par les pluies ou la fonte des neiges, il reste à faire des recherches d'un grand intérêt pour la science. Mais pour motiver l'opportunité d'en faire des applications pratiques, ces recherches sont-elles nécessaires? Ne doit-on pas admettre comme évident que la capacité dont il s'agit est d'une grande puissance, d'une puissance qui ne peut être égalée, ni remplacée par aucune œuvre artificielle?

Mais, pourra-t-on objecter, cette puissance de la végétation forestière étant admise, celle de la végétation herbacée, à un moindre degré, étant admise de même, cela importe peu pour les terrains absolument stériles, pour les rocs dépourvus de toute terre végétale; et, pourra-t-on objecter encore, ce sont principalement ces sortes de terrains qui occupent le bassin des torrents.

Cette dernière objection est bien celle qui surgit naturellement à l'aspect de ces bassins. On ne voit que terrains bouleversés, couverts de galets, que rocs nus. On aperçoit à peine quelques îlots de broussailles ou d'herbages. Les terrains possédant une végétation quelconque et paraissant susceptibles d'en acquérir, semblent être la très-faible exception. C'est que toujours l'observation est incomplète. Pour faire cette observation, on est le plus souvent placé dans la région inférieure du bassin, d'où l'on ne peut apercevoir que les roches verticales ou se rapprochant de cette position, et les terrains excessivement inclinés et par conséquent les plus ravinés. On n'aperçoit pas les bandes de terrains plus ou moins horizontales qui existent dans le bassin ; on n'aperçoit pas non plus les immenses plaines plus ou moins accidentées où s'évase la région supérieure du bassin ; c'est-à-dire que l'on croit voir presque tout le pays, et qu'on n'en voit qu'une minime partie. Cet effet est remarquable dans l'ascension que font tant de personnes à la Grande-Chartreuse. L'œil aperçoit des rochers qui se dressent de tous côtés et ne paraissent laisser à la forêt que la moindre part, et cependant sur toute la surface de 6,000 hectares que comprend ce domaine de l'Etat, il n'y en a pas 200 qui ne puissent porter de forêts.

Dans le Dauphiné, les terrains impropres à la végétation, qui à l'œil du promeneur, du touriste paraissent occuper la plus grande partie du haut pays, n'occupent cependant que quelques centièmes de son étendue.

Tout ce qui précède entraîne la pensée d'un moyen d'une puissance immense pour conjurer le fléau des torrents et des inondations. Notre conviction est qu'il serait d'une efficacité complète.

Et ce moyen le voici :

Il faut que l'homme cesse de forcer la destination naturelle du sol des montagnes ; il faut que sa jouissance soit conforme à celle caractérisée par ce terme légal : la jouissance du père de famille.

Les terrains horizontaux ou ramenés artificiellement à l'horizontalité, appartiennent à la culture des champs. Un champ en bon rapport possède nécessairement une grande capacité pour l'absorption des eaux. Les deux faits procèdent de la même cause, la division du sol et sa pénétrabilité à une grande profondeur. Le raisonnement l'indique et l'observation de ce qui se passe sous nos yeux l'établit surabondamment. Dans nos jardins, dans les riches cultures voisines des centres de population, nous voyons les eaux pluviales les plus abondantes immédiatement absorbées par le sol ; sur le revers même des coteaux, les vignes, les terres bien cultivées ont une capacité d'imbibition supérieure au volume de ces eaux, et les retiennent complétement, quand toutefois le cultivateur n'a pas eu l'imprévoyance d'ouvrir ses sillons dans le sens de la pente.

Ainsi donc les cultures réellement fructueuses et durables ont sur les eaux pluviales l'effet dérivatif que nous attribuons aux forêts, avec cette différence cependant que les forêts produisent cet effet d'une manière puissante sur des sols que leur inclinaison et leur composition rendent absolument impropres à toute autre culture.

Les terrains peu inclinés, frais, fertiles, susceptibles d'être irrigués, sont le lot des prairies et des pâturages. Si l'absorption des eaux n'est pas complète et que la ligne de pente soit très-développée, on la coupera par des zones boisées.

Enfin, les pentes rapides, sèches, les sols impropres à toute autre culture, sont le domaine naturel des bois qui, suivant que le sol est plus stérile, moins perméable de sa nature, exigent des exploitations à plus long terme. Les taillis ne produiront l'effet recherché que dans les sols relativement frais et fertiles ; sur les autres terrains, il faut l'action puissante de la végétation et du couvert des futaies.

Mais est-ce là ce qu'on peut espérer de la libre jouissance de la propriété privée? Il suffit de voir les résultats qu'elle a produits !

Ne doit-on pas admettre que les coupes prématurées et la conversion des bois en pâturages ; que l'introduction dans les pâturages d'un nombre excessif de bestiaux ; que le défrichement des bois et des pâturages, offrent au propriétaire des produits immédiats, que l'entraînement des besoins, si ce n'est l'appât du bénéfice, l'engageront toujours à les réaliser.

Il faut une réforme à cette jouissance, mais par quels moyens l'obtenir?

VOIES ET MOYENS.

Qu'il nous soit permis d'extraire notre réponse à cette question de notre rapport à **M. le Préfet de l'Isère, du 19 août 1852.**

« A qui l'utilité, ou si je m'exprime à cet égard suivant mes
» convictions, à qui la nécessité d'en venir à ces mesures de-
» vra-t-elle être démontrée ? Faudra-t-il les obtenir du consen-
» tement des propriétaires des terrains à soumettre à ce régime
» exceptionnel ?

» Autant vaudrait ne faire aucune tentative.

» L'expérience, la pratique journalière de l'administration
» démontrent que personne ne veut s'imposer de servitudes,
» de gêne même momentanée dans la jouissance de ce qui lui
» appartient.

» Les luttes continuelles que soutient l'administration fores-
» tière pour conserver au régime forestier quelques milliers
» d'hectares de broussailles disséminés, perdus sur cet im-
» mense territoire, d'un revenu à peu près nul et dont cepen-
» dant les populations rurales, et les hommes qui les dirigent
» ne craignent pas de demander la libre jouissance en la re-
» présentant comme indispensable à leur existence ; ces exagé-
» rations calculées des uns, ces appréciations extravagantes des
» autres, ne démontrent-elles pas que pour l'objet dont il s'agit,
» on ne doit pas songer à persuader les intéressés, ni à leur
» demander des règles, mais qu'il faut leur en donner.

» C'est au gouvernement qu'il faut prouver la nécessité de
» ces mesures ; ce sera à lui d'en provoquer la sanction par
» une loi ; ce sera à lui qu'incombera la charge d'exécuter
» cette loi.

» En apparence la mesure est énorme ; elle le paraîtra sur-

« tout à bien des esprits qui s'arrêtent à la superficie des choses,
» à tous ceux pour qui l'intérêt public n'est rien, l'intérêt privé
» à peu près tout. Dans d'autres temps qui ne sont pas loin,
» une pareille mesure eût été d'une exécution impossible. Aussi
» est-ce vainement que la presse, l'administration et la tribune
» nationale se sont occupées de cette question ; elle y a été un
» sujet de discussion et voilà tout.

» Un gouvernement fort peut seul l'entreprendre. Celui
» actuel le pourra, s'il le veut, et il le voudra s'il le juge utile.

» Ma conviction est que cette mesure est des plus éminem-
» ment utiles dont il soit donné à un gouvernement de prendre
» l'initiative et d'assurer l'exécution, et que la place qu'elle
» prendrait dans nos institutions serait sinon supérieure, du
» moins égale à celle qu'y a occupée longtemps et à si justes
» titres la célèbre ordonnance de 1669. »

Encore quelques considérations sur cette face de la question.

Les frais d'exploitation et de transport des bois dans ces régions montagneuses sont énormes et absorbent une grande partie de leur valeur commerciale. D'un autre côté les circonstances locales exigent presque exclusivement les essences résineuses et l'exploitation en futaie ; c'est-à-dire que les avances faites pour le reboisement en achat de sol, frais de repeuplement, de surveillance et de gestion, et leurs intérêts capitalisés n'offrent de bénéfice réalisable qu'à un terme très-éloigné ; d'où il résulte que le reboisement ne peut en général devenir matière à spéculation.

Le principal intérêt du reboisement consiste dans la protection des propriétés inférieures.

Il en est de même de toutes les mesures qui seraient imposées, pour le bon aménagement des bois et des pâturages. Les propriétaires des fonds grevés y ont bien, il est vrai, leurs intérêts réels engagés, en ce que les réserves qui leur seront imposées leur seraient commandées dans le but seul de la conservation; mais on peut admettre qu'ils apprécieront peu ou pas cet intérêt, et dans tous les cas ne voudront pas lui faire le sacrifice momentané de leur revenu.

Nous admettons donc que de ce côté il n'existe pas de mobile dont on puisse compter faire mouvoir les ressorts pour obtenir la réforme dont il s'agit. Ces mobiles existeraient-ils qu'il resterait à les mettre en jeu, à les coordonner, à organiser leur action; toutes autres impossibilités d'exécution.

Ce n'est que par le gouvernement que cette réforme peut être réalisée; il représente tous les intérêts; seul il peut les embrasser dans leur ensemble, pondérer ceux opposés, coordonner un système, et en organiser l'exécution.

Lui seul, du reste, possède des moyens d'administration assez puissants pour répondre aux exigences de cette vaste entreprise. Il faut donc qu'il soit investi des pouvoirs nécessaires pour intervenir dans la jouissance de la propriété privée.

DES MESURES RESTRICTIVES DU DROIT DE PROPRIÉTÉ, DE L'ÉTENDUE DES TERRAINS QU'ELLES ATTEINDRONT, DE LEURS EFFETS SUR LE REVENU.

Mais n'est-ce pas là un expédient qui de prime abord doit être déclaré inacceptable ?

Nous espérons que quelques considérations sur le rayon qu'embrasseront ces mesures et leur effet réel relativement au revenu des propriétés qu'elles atteindront, vont faire disparaître le fantôme que notre proposition aurait pu évoquer pour certains esprits.

Les documents du cadastre, ceux de l'administration forestière et les renseignements particuliers que nous nous sommes procurés nous permettront, non pas d'établir une appréciation exacte de l'effet de ces mesures, mais du moins d'en marquer les limites extrêmes avec certitude et d'en donner un aperçu suffisamment approximatif pour la solution des questions qui précèdent.

Ces documents sont groupés dans un état ci-joint.

Ils comprennent les 9/10 du territoire des départements de l'Isère, de la Drôme et des Hautes-Alpes.

Leur composition est fondée sur cette supposition que tous les terrains compris dans le cadastre sous les dénominations de *terrains improductifs, landes, broussailles, bois, pâturages* ainsi que les *terres arables de la dernière classe,* seront atteints plus ou moins par les mesures de défense et de conservation qu'il s'agit d'ordonner, et que la jouissance de tous les autres terrains ne serait soumise à aucune restriction.

Pour ceux qui connaissent les localités, notre hypothèse sera considérée comme représentant plutôt un effet exagéré qu'un effet atténué de l'application de ces mesures ; non pas qu'il ne puisse être reconnu nécessaire d'y soumettre quelques terres arables d'une classe supérieure, mais ce serait des cas exceptionnels, et pour lesquels il y aurait ample compensation dans les terres classées dans l'autre catégorie et qu'on pourrait sans aucun inconvénient laisser libres de toute servitude.

D'après cette classification, sur un territoire de 1,977,000 hectares, les mesures restrictives de la jouissance en atteindraient 1,271,089 (1), soit les 65 centièmes du territoire; servitude effrayante, si l'on s'arrête à cette expression de la superficie qu'elle embrasse! mais voyons-en au fond les effets.

Au territoire de 1,977,000 hectares, correspond un revenu cadastral (2) réel de 60,223,000 francs; or la part dans ce revenu des 1,271,089 hectares qui doivent être soumis à des restrictions de jouissance est seulement de 6,754,000 francs, soit les 11/100.

Il est évident que dans tous ces chiffres, il n'y en a qu'un qui donne bien réellement la mesure des intérêts compromis par ces servitudes; ce n'est pas celui des contenances; c'est celui de l'effet utile de la propriété; c'est le revenu.

Ce sont donc seulement les 11/100 du revenu territorial qui pourraient recevoir une atteinte quelconque de l'effet des servitudes dont il s'agit.

Mais cette proportion est encore au-dessus de la réalité;

(1) Sont compris dans ce chiffre les 180,000 hectares de forêts domaniales et communales soumises ou régime forestier.

(2) On sait que l'évaluation cadastrale du revenu est fictive. Elle ne sert directement qu'à fixer la proportionnalité des revenus des diverses catégories de terrain. Pour obtenir le revenu réel, l'administration des contributions directes multiplie le revenu cadastral par un coefficient qui varie dans chaque commune. C'est le produit de ce calcul que nous appelons revenu cadastral réel; nous faisons remarquer plus loin qu'il n'est pas exact lui-même.

car le revenu des forêts et des pâturages a été extrêmement surestimé dans les opérations qui ont servi de base à la répartition de l'impôt; tandis que celui des terres arables, jardins, etc., a été d'autant atténué. Le but des répartiteurs, propriétaires dans la localité, est facile à deviner : c'était d'alléger les charges de la propriété privée aux dépens de la propriété communale. Nous avons constaté que dans plusieurs communes cette surestimation dépassait le quadruple du revenu réel.

Pour les bois communaux, le revenu moyen cadastral est par hectare de 5 fr. 08; d'après nos documents officiels il n'est que de 1 fr. 18 c.

Nous pensons donc qu'on peut admettre que la part du revenu réel des terrains dont il s'agit, dans le revenu territorial, est au maximum de 3,000,000 de francs, et en conséquence qu'elle n'en est que les 5/100.

Faisons remarquer maintenant que l'effet des servitudes sur le revenu ne sera pas de le supprimer; il ne sera pas surtout de diminuer la valeur capitale de la propriété. Car les restrictions de jouissance qu'on devra imposer aux propriétaires, ne seront que celles qu'exigerait leur intérêt bien entendu.

Ce sont des pâturages dont une jouissance abusive aura appauvri les herbages, qui se ravinent, dont on forcera les propriétaires imprévoyants ou seulement négligents à recevoir une sorte d'aménagement.

Ce seront des terres arables situées sur des pentes rapides dont les eaux entraînent le sol, qu'on n'aurait jamais dû ouvrir et ameublir, qu'on forcera le propriétaire à remettre en pâturage.

Ce seront des bois ruinés par des coupes abusives, suivies d'un exercice du pâturage, sans règle, ni mesure, que l'on contraindra le propriétaire à mettre en réserve.

Si, dans toutes ces circonstances, l'effet des servitudes diminue le revenu, ce ne sera que momentanément, ce sera pour prévenir sa suppression complète par la ruine de la propriété, ce sera enfin pour arrêter l'atténuation successive de sa valeur capitale, la conserver ou la reconstituer.

Quant aux terres en bon rapport, par cela même qu'elles ne sont pas dégradées par les eaux, et qu'elles sont dans un état normal, l'application de mesures conservatrices sera inutile. Que si la nécessité de les affecter à des reboisements, jugés indispensables pour la défense des régions inférieures, était démontrée, alors ce serait non plus une servitude à leur imposer, mais soit une expropriation avec indemnité, soit un arrangement amiable à proposer à leurs propriétaires. Enfin nous ferons remarquer que sur ces 1,271,089 hectares que notre hypothèse a compris dans la catégorie des terrains à soumettre aux servitudes, environ moitié appartiennent aux communes et à l'Etat; que ce sera très-principalement et presque exclusivement à ces propriétés que seront imposées les conversions en bois.

Nous croyons avoir fait apercevoir les limites des effets onéreux sur la fortune privée, sur la fortune publique et sur la production du pays, des servitudes qu'il s'agirait de leur imposer, et nous l'avons fait d'une manière assez approximative pour éclairer ce côté de la question : y a-t-il là une impossibilité ? Nous croyons pouvoir conclure qu'il n'y en a pas, et même que si l'on ne s'arrête pas à l'apparence des choses, et qu'on les réduise à leur valeur positive, il n'y existe que des difficultés médiocres.

DES INTÉRÊTS ACTUELLEMENT EN SOUFFRANCE ET DE LEUR AMÉLIORATION PAR L'EFFET DES MESURES A PRENDRE.

Un autre côté de la question, l'importance des intérêts mis en souffrance par le fléau des torrents, le bénéfice probable des mesures de défense et de conservation à prendre, serait aussi à résoudre.

Des éléments positifs pour cette solution existent dans les archives des préfectures, des ponts et chaussées, des impôts directs et des sociétés d'agriculture. La réunion de ces documents permettrait de fixer au moins avec une grande approximation le chiffre annuel moyen des pertes subies par la propriété privée, de ses dépenses pour endiguements et déblais, de celles des communes, des départements et de l'Etat, soit pour construire des routes dans des conditions particulièrement onéreuses, soit pour un entretien exceptionnellement coûteux.

Mais la réunion de ces documents nous aurait été impossible, moins peut-être parceque quelques-uns d'entre eux n'auraient pas été mis à notre disposition, que parceque le temps nous aurait manqué pour les recueillir.

Il serait sans doute utile, il serait surtout curieux et satisfaisant de pouvoir fixer la mesure dans laquelle les intérêts dont il s'agit sont compromis et menacés ; mais cela est-il nécessaire pour établir que cette mesure est immense, et qu'elle dépasse hors de toute proportion celle des intérêts en apparence antagonistes auxquels il faudrait imposer quelques sacrifices ou plutôt quelque gêne.

Cette question n'a-t-elle pas reçu sa solution dans le sentiment public ?

N'est-il pas admis que sur la plus grande portion du territoire alpin, presque tout le domaine agricole est compromis, et si

les villes et les villages ne le sont que peu directement, la dé-
préciation de leur valeur ne sera-t-elle pas la conséquence nécessaire de celle du domaine agricole. Car à quoi serviront les
bâtiments d'exploitation et les habitations, et même tout le ma-
tériel des industries et du commerce dans un pays devenu
stérile ?

Revenant à nos documents du cadastre, nous sommes donc
fondé à dire que sur les 60,225,000 fr. qui forment le revenu
du territoire, 3,000,000, soit environ les 5/100, devront plus
ou moins, et en tous cas faiblement, être atteints d'une déprécia-
tion momentanée pour garantir plus ou moins, mais certaine-
ment, d'une manière puissante les 95 autres centièmes du revenu.

Nous faisons remarquer que dans cette expression des intérêts
menacés par le fléau des torrents, ne sont pas comprises les voies
de communication de toute espèce, notamment le flottage sur
les rivières, la navigation sur l'Isère et le Rhône, non plus que
les intérêts des riverains, hors des arrondissements dont nous
nous occupons, de la Durance et du Rhône, et que ces intérêts
sont extrêmement considérables.

Ajoutons-y encore trois objets, qui, dans notre conviction,
auront une importance beaucoup plus grande que celle qu'on
est peut-être disposé à leur attribuer. L'augmentation des eaux
susceptibles d'être employées par l'agriculture à l'irrigation ;
l'amélioration de leur régime, qui favorisera la production du
poisson ; les conquêtes que fera l'agriculture des terrains où
divaguent maintenant les torrents et les rivières.

Il est évident que des mesures qui auront pour résultat d'augmenter l'infiltration des eaux pluviales, ou de retarder leur
cours, de les empêcher de charrier des roches et des galets,
diminueront la quantité des eaux dangereuses et augmenteront
la quantité de celles propres à vivifier l'agriculture ; qu'elles

tendront à favoriser pendant les dégels et les grandes pluies ces emmagasinements souterrains des eaux, qui pendant la belle saison alimentent les sources.

Dans leurs crues, les torrents tuent les poissons ou plutôt les étouffent dans les matériaux qu'ils entraînent. Cet effet est bien connu des paysans qui disent que le torrent empoisonne les poissons. Les sécheresses ne leur sont guère moins nuisibles. Les pêcheurs, des enfants même les mettent facilement à sec et font périr tout le poisson qu'ils ne prennent pas. Il est donc évident aussi que ce qui contribuera à régulariser le régime des eaux, à diminuer les crues et les sécheresses, favorisera la conservation et la production des poissons.

L'étendue des terrains aujourd'hui infertiles, sur lesquels divaguent les eaux et que la régularisation de celles-ci rendra à l'agriculture, est très-grande ; ces terres prendront immédiatement place parmi les meilleures du pays ; il ne serait pas très-difficile de s'assurer de leur étendue, et de leur valeur. Peut-être n'exagèrerait-on pas en portant cette dernière à une somme plus élevée que la dépense totale que pourront exiger toutes nos propositions.

Les effets dont l'exposé précède sont incontestables ; il n'y a d'incertain que la mesure dans laquelle ils se produiront ; mais si l'on considère l'immensité du réseau de cours d'eau dont il s'agit, et l'étendue des terres, fertiles de leur nature et rendues stériles ou pauvres par les sécheresses ou les débordements, que ces effets atteindront, on ne peut se refuser à cette conclusion : qu'une amélioration, même faible, du régime de ces cours d'eau, doit se traduire en un bénéfice considérable sous le triple rapport de la production des poissons, des conquêtes de l'agriculture et des irrigations.

DISPOSITIONS LÉGISLATIVES.

Il résulte de tout ce qui a été exposé que la libre disposition de la propriété sera atteinte par les mesures à prendre.

Notre législation confère-t-elle ce droit, soit au Gouvernement, soit à des tiers, et dans le cas de négative, quelles seraient les dispositions législatives à provoquer ?

Exposé et discussion des principes de droit.

Le Code Napoléon, art. 544, établit : « la propriété est le » droit de jouir des choses de la manière la plus absolue, » pourvu que l'on n'en fasse pas un usage prohibé par les lois » et par les règlements. »

Ces usages abusifs des propriétés situées sur les montagnes, dont les résultats viennent d'être signalés, sont-ils au nombre des actes de la jouissance de la propriété, prohibés par les lois et par les règlements existants ?

L'art. 640 du Code Napoléon établit :
« Les fonds inférieurs sont assujettis envers ceux qui sont » plus élevés à recevoir les eaux qui en découlent naturelle- » ment, sans que la main de l'homme y ait contribué. Le » propriétaire inférieur ne peut point élever de digues qui » empêchent cet écoulement. Le propriétaire supérieur ne » peut rien faire qui aggrave la servitude des fonds inférieurs. »

Cet article ne précise aucun des actes de propriété qui doivent être prohibés ; mais dans sa généralité, il prohibe tous ceux qui tendraient à aggraver par le fait de l'homme la sujétion que la disposition des lieux et l'action des éléments imposent naturellement à une propriété.

Il appartient au juge de discerner les actes de jouissance qui auraient ce caractère et de les réprimer.

Les articles suivants du titre IV du Code Napoléon précisent ensuite un grand nombre d'actes de propriété qui sont soit formellement prohibés, soit subordonnés au consentement du propriétaire intéressé. Les lois et règlements sur les voies publiques, les règlements forestiers précisent de même un grand nombre de cas restrictifs du droit de propriété.

Mais aucune de ces dispositions législatives ou réglementaires ne prévoit le cas où une propriété inférieure serait endommagée par des éboulements, des débordements d'eau ou de graviers provoqués dans la propriété supérieure par des actes de jouissance abusifs ou mal entendus, contraires à la destination naturelle des choses, tendant à rompre l'équilibre des éléments naturels, et à augmenter leur puissance destructive.

Il n'y aurait donc intérêt pour nous à examiner ces dispositions que pour y constater l'application du principe restrictif de la jouissance d'un propriétaire aux actes qui concilient, avec l'exercice de son droit, le respect du droit des autres. Mais ce principe étant incontestable, nous nous poserons cette question :

Dans le cas où un terrain inférieur est endommagé soit par des débordements d'eau et de matériaux entraînés, soit par des éboulements et filtrations ;

Et lorsqu'en fait il est établi qu'un excès de jouissance des terrains supérieurs, ou un mode de culture contraire à leur destination naturelle sont la cause de ces débordements, éboulements ou infiltrations, ou même ont seulement contribué à les augmenter ;

Cette disposition de l'art. 640 du Code Napoléon : « le » propriétaire supérieur ne peut rien faire qui aggrave la » servitude du fonds inférieur » combinée avec la précédente :

« les fonds inférieurs sont assujettis envers ceux qui sont plus
» élevés, à recevoir les eaux qui en découlent naturellement
» sans que la main de l'homme y ait contribué » ;

Etablissent-elles un abus du droit du propriétaire supérieur,
une violation du droit du propriétaire inférieur et par conséquent, au profit de ce dernier, le droit d'obtenir du premier
la réparation du préjudice qui lui est causé, et de lui faire
défense de continuer ?

Nonobstant l'absence de dispositions spéciales qui l'établissent formellement, ce droit n'est-il pas compris dans la
généralité des termes de l'art. 640 ?

Si la négative est admise, nous dirons alors en nous ap-
puyant sur l'art. 544 qu'il y a lieu de combler une lacune
dans les applications du principe de droit commun sur lequel
sont fondées toutes les prescriptions restrictives du droit de
propriété.

Dans ce but nous proposons l'adoption des dispositions législatives suivantes :

ARTICLE PREMIER.

Sont abusifs et excèdent le droit du propriétaire, les actes de jouissance contraires à la destination naturelle des choses qui, en favorisant
le ravinement des terres et leur éboulement, en augmentant la puissance
destructive des eaux, donnent lieu à des dommages dans les terrains
inférieurs.

Ces actes seront réprimés et prévenus par les prescriptions suivantes :

ARTICLE 2.

Un décret déterminera les cours d'eau sujets à des crues qui portent
préjudice soit aux propriétés privées, soit à celles du domaine public, y
compris la navigabilité et la flottabilité et la production des poissons, et
fixera le périmètre des parties de leurs bassins d'où viennent ces crues.

La jouissance des terrains compris dans ce périmètre sera soumise aux restrictions suivantes :

ARTICLE 3.

L'âge d'exploitation minimum des taillis sera de 15 ans pour les bois situés à une altitude de 400 mètres et au-dessous ; pour les bois situés à des altitudes supérieures, cet âge s'élèvera d'une année par chaque centaine de mètres en sus de l'altitude précitée.

L'âge minimum de défensabilité pour le parcours sera de 10 ans à une altitude de 400 mètres et au-dessous, et s'élèvera d'une année par chaque centaine de mètres d'accroissement de l'altitude précitée.

Dans les futaies résineuses ou feuillues, le propriétaire sera tenu, soit de combiner les exploitations de manière à maintenir un repeuplement naturel complet, soit d'y suppléer par des repeuplements artificiels ; à défaut de quoi il y sera pourvu à ses frais, en vertu d'un arrêté du Préfet, conformément aux dispositions de l'article 11 du code forestier.

ARTICLE 4.

Dans tous les terrains, l'Administration est chargée de rechercher les actes de jouissance abusifs et compromettants pour les propriétés inférieures, et de constater les faits matériels qui établissent ce caractère.

Les signes caractéristiques de cette jouissance abusive, sont :

Dans les pâturages, l'état clairiéré du gazon et les sillons horizontaux tracés par le piétinement des bêtes ovines, lorsqu'ils forment sur le gazon des solutions de continuité de nature à favoriser le ravinement.

Dans tous les terrains, les éboulements et déplacements de matériaux par l'effet des eaux ; les ravins et même les petits sillons formés par les eaux.

Ne peut être réputée abusive, toute jouissance qui a le caractère de celle du bon père de famille.

ARTICLE 5.

L'Administration établira un règlement de jouissance pour une ou plusieurs années, sans toutefois qu'il puisse dépasser une période de plus de cinq ans.

L'Administration signifiera ce règlement au propriétaire par acte extra-judiciaire, contenant citation à une audience du juge de paix du canton, qui sera chargé de recevoir et constater, soit le consentement, soit le refus du propriétaire d'accepter le règlement.

ARTICLE 6.

En cas d'adhésion, le règlement deviendra obligatoire pour le pro-priétaire ;

En cas de refus, une instance sera intentée par l'Administration pour obtenir la sanction du règlement, auprès du Conseil de préfecture qui statuera, sauf pourvoi au Conseil d'Etat.

ARTICLE 7.

Sur la demande des propriétaires, et après avoir pris l'avis du Préfet et de l'Administration, le Gouvernement pourra accorder des dispenses aux restrictions de jouissance imposées par l'article 3, et en vertu de l'article 6.

ARTICLE 8.

Les contraventions aux règlements de pâturage fixés conformément à l'article 6 et à celui prescrit par l'article 3 de cette loi, donneront lieu à l'application de l'art. 220 du code forestier.

Néanmoins les condamnations seront réduites de moitié.

Les coupes faites contrairement aux prescriptions de l'article 3, ou aux règlements fixés conformément à l'article 6, seront punies d'une amende égale à la moitié de leur valeur nette, sans pouvoir être infé-rieure à 50 francs par hectare.

ARTICLE 9.

Toutes les contraventions énumérées dans l'article 7 seront constatées et poursuivies conformément aux dispositions de la section 1re du titre XI du code forestier, excepté en ce qui concerne la compétence, laquelle, par dérogation à l'article 171, appartiendra au Conseil de préfecture.

Ces contraventions entraineront la responsabilité fixée par l'article 206 du code précité.

ARTICLE 10.

Sur la demande des propriétaires soumis aux prescriptions qui précèdent, il sera procédé à la révision des évaluations cadastrales qui ont servi de base à l'assiette de l'impôt.

ARTICLE 11.

Il y aura lieu à l'expropriation des terrains dont le boisement devra être opéré ou sur lesquels devront être établis des ouvrages de défense contre les eaux.

Un décret statuera sur leur caractère d'utilité publique.

L'expropriation sera faite conformément aux dispositions de la loi du 15 juin 1841.

L'expropriation pourra être remplacée par l'acceptation du propriétaire de faire sur son terrain les boisements et travaux prescrits et de les entretenir, suivant des conditions qui seront stipulées.

ARTICLE 12.

Le prix d'achat des terrains et les indemnités pour leur occupation temporaire seront payés :

Par les départements, communes ou syndicats qui auront provoqué la mesure, sauf subvention facultative de la part de l'Etat ;

Par l'Etat lorsque le Gouvernement aura pris l'initiative de la mesure, sauf subvention facultative des personnes intéressées.

ARTICLE 13.

Il n'est dérogé en rien aux dispositions du code forestier et des lois d'administration municipale en ce qui concerne les bois communaux, non plus qu'à celles relatives aux travaux publics et à la formation des syndicats.

ORGANISATION DU SERVICE ADMINISTRATIF.

Le projet de loi qui précède établit le droit des parties intéressées, particuliers et Etat, et règle la juridiction.

Il donne spécialement au Gouvernement toute l'autorité nécessaire pour empêcher les abus de la jouissance des propriétés privées, préjudiciables aux propriétaires inférieurs et à la société.

Comment l'Etat exercera-t-il son droit et remplira-t-il ses obligations?

Voici quelles sont ces obligations.

Programme des exigences du service.

1° Constater les cours d'eau sujets aux crues extraordinaires, particulièrement ceux qui entraînent des graviers, etc.

2° Reconnaissance et examen de leurs *bassins de réception* (1), et de ceux de leurs affluents qui contribuent aux

---

(1) Le bassin de réception comprend la surface entière du sol d'où proviennent les eaux et matières de transport que le torrent roule jusqu'à son lit de déjection.

Le canal de réception est la partie du lit du torrent qui reçoit les eaux et les détritus du rocher fournis par le bassin de réception.

Le lit de déjection est la partie du cours du torrent où se dépose chaque année une certaine quantité des matières de transport, soit par suite d'un affaiblissement sensible dans la pente ou d'un élargissement du périmètre mouillé.

Le canal d'écoulement est la région comprise entre l'extrémité inférieure du lit de déjection du torrent, et la rivière où vont se perdre les eaux (ces dénominations sont celles de M. Surrell, modifiées par M. Scipion Gras, ingénieur en chef des mines).

crues : décrire ces bassins, leur altitude, leur climat, leur étendue, leur inclinaison, la composition, et surtout la consistance et la fertilité de leur sol, leur état de conservation et de dégradation, leurs cultures, leurs propriétaires, leur revenu net ; en faire les plans et cartes topographiques ; déterminer s'il y a lieu d'en boiser tout ou partie, et quelles parties, quel mode de boisement, naturel ou artificiel ; dans ce dernier cas faire le devis descriptif des travaux et estimatif de la dépense.

Déterminer si tout ou partie des cultures existantes doit être modifié : conversion des terres cultivées en pâturage, aménagement des pâturages.

Déterminer les ouvrages de défense à faire : ouverture de rigoles horizontales, pour faciliter l'infiltration et l'évaporation des eaux, retarder leur écoulement, affermir le sol et l'empêcher de se laisser entamer ; emploi des eaux de la manière la plus utile pour l'agriculture et l'industrie.

3° Reconnaissance et étude des *canaux de réception* :

Les abords de ces canaux et leurs lits sont le plus souvent encombrés de matériaux transportés, et que l'on peut considérer comme étant en marche pour arriver dans les lits de déjection.

Rechercher les mesures à prendre pour fixer ces matériaux, pour empêcher les eaux de les affouiller : direction à donner aux eaux dans ce but, moyen de fixer cette direction ; redressement et creusement du lit ; plantations sur les berges, endiguements rustiques ; moyens de neutraliser la puissance acquise dans la direction oblique, en la dirigeant verticalement par des cascades artificielles sur un sol résistant ; choix des emplacements de ces cascades sur les points où le sol est résistant ; lacs artificiels dans les bassins naturels faciles et peu coûteux à fermer, destinés à emmagasiner les eaux pendant les crues et à retarder leur écoulement.

En somme, recherche et étude des moyens propres à diminuer la vitesse des eaux, à retarder leur écoulement, à empêcher les affouillements et à utiliser ces eaux pour l'agriculture et l'industrie ; devis descriptif et estimatif des travaux.

4° Reconnaissance et étude des *lits de déjection* : mêmes études que dans les canaux de réception.

On admet que les mesures prises dans les canaux et bassins de réception auront pour effet de neutraliser entièrement ou presque entièrement le transport des matériaux, et que la généralité des lits de déjection sera supprimée, et ne sera alors que le prolongement de ceux d'écoulement ; dans ce cas, il ne restera plus qu'à leur donner une direction qui prévienne les affouillements sur leurs berges et au fond de leur lit ; planter leurs berges, les affermir par des endiguements rustiques, décombrer leur lit, y établir des cascades artificielles, s'il y a trop de pente.

Dans le cas contraire, et en tout cas, dans l'époque transitoire, où les mesures prises n'auraient pas encore eu leur effet complet, examiner s'il n'y a pas lieu d'employer les moyens proposés par M. l'ingénieur Gras.

5° *Canaux d'écoulement.* Endiguement seulement lorsque les effets des mesures prises sur les parties supérieures se sont révélés : direction, plantation des abords, etc., comme dans les canaux de réception afin d'empêcher les affouillements.

6° Instruction et poursuite des instances judiciaires et administratives : surveillance, police, constatation des contraventions.

Le programme qui précède complète le système de mesures que nous proposons d'opposer au fléau des torrents ; mais avant de passer plus loin, marquons encore une fois l'efficacité relative que nous attribuons à ces diverses mesures.

Au-dessus de tout, surveillance et police protégeant le sol et la végétation contre les abus de jouissance, favorisant la végétation spontanée sur tous les sols qui en ont été dépouillés et l'y créant artificiellement, lorsque cela est nécessaire.

Secondairement, surveillance journalière de tous les cours d'eau, exécution des travaux indiqués dans le programme.

Nous avons évité de désigner dans notre projet de loi les agents que le Gouvernement nous paraît devoir déléguer pour agir en son nom.

Attribution de ce service à l'administration des forêts.

Est-il nécessaire de démontrer que ces attributions nouvelles rentrent tout naturellement dans celles de l'administration des forêts; que nul autre corps n'a une organisation qui le rende également apte à les recevoir, sauf cependant exception pour tous les grands travaux de construction. Alors ce serait évidemment à l'art de l'ingénieur qu'il faudrait recourir, ce serait ses ingénieurs officiels que le Gouvernement devrait en charger.

Les travaux sur les canaux d'écoulement et sur quelques lits de déjection appartiendront exclusivement à cette catégorie; mais sur tout le reste il ne s'agit pas de faire des constructions importantes.

La besogne qui est à faire, c'est de pourvoir, sur une immense étendue de terrain, surtout sur les points les plus éloignés des chemins vicinaux, à plus forte raison des routes départementales et impériales, à un vaste système de police et de surveillance.

C'est d'y protéger la végétation existante et le sol contre les abus d'une jouissance trop exigeante ; c'est de favoriser sur les sols dénudés, la formation spontanée de la végétation ; c'est d'en créer une artificiellement où cela est nécessaire, et remarquons que sur les 1,271,089 hectares sur lesquels doit s'exercer cette action, dans les trois départements dont nous nous occupons, près de 500,000 appartiennent déjà à la culture forestière, et qu'on doit augmenter ces derniers d'environ 100,000 hectares ; c'est, accessoirement, bien que très-utilement, d'y surveiller les cours d'eau eux-mêmes, principalement dans leurs moindres affluents, d'y diriger, d'y faire même tous les travaux de défense dont les plus difficiles ne dépasseront guère le savoir d'un terrassier industrieux ; c'est de faire et d'entretenir sur leurs berges des plantations, etc.

Déjà il y a peu de parties du territoire où la gestion des bois soumis au régime forestier n'appelle les préposés et les agents de l'administration forestière ; de tous les fonctionnaires ce sont évidemment les seuls qui se trouvent habituellement en présence des causes de destruction que l'on veut supprimer.

Ils sont organisés pour l'administration, pour la surveillance, pour la répression, pour provoquer et soutenir les instances judiciaires et administratives.

Ils le sont principalement pour tout ce qui concerne les reboisements, pour l'aménagement des pâturages ; ils ont l'habitude des explorations fatigantes et quelque peu périlleuses dans les régions où naît et se développe l'action des torrents.

Les travaux d'art proprement dits, y sont représentés ; ils le sont d'une manière bien plus que suffisante pour assurer une bonne exécution de tous les rustiques travaux de défense qui peuvent être nécessaires ; les levées des terrains sont au nombre des obligations habituelles des agents forestiers, et le nivellement que pourrait exiger le tracé des fossés de dérivation des eaux présente bien moins de difficultés que ceux nécessaires pour les devis de construction de scieries qu'ils sont chargés de fournir.

Ajouterons-nous qu'ils sont habitués à apporter une stricte économie dans leurs dépenses, et à en rendre un compte rigoureux?

Faisons remarquer encore que de l'emploi des agents forestiers, il résulte ici une grande économie ; c'est celle du temps qu'ils perdent pour se rendre d'une forêt à une autre, en traversant les terrains où doit s'exercer cette nouvelle attribution. Tout ce temps, souvent bien supérieur à celui qui est nécessaire pour les opérations forestières, se trouvera utilisé.

C'est donc un cadre, une organisation toute trouvée à laquelle il s'agit seulement de donner le complément du personnel qu'exigera une addition considérable à ses attributions.

Nous avons établi dans le tableau ci-contre l'état du personnel, suivant l'organisation actuelle du service forestier dans la conservation de Grenoble, et celui qui serait nécessaire pour suffire aux nouvelles exigences du service.

ORGANISATION ACTUELLE.

DÉPARTEMENTS.	ARRONDISSEM.	Conservateur.	Inspecteurs.	Sous-Inspecteurs.	Gardes généraux.	Gardes génér.-adjs.	Commis.	PRÉPOSÉS Domaniaux.	PRÉPOSÉS Communaux.
	Conservation...	1	»	»	1	»	4		
	Travaux d'art....	»	»	1	1	»	»		
ISÈRE.	Grenoble....	»	1	1	3	»	2		
	Vizille......	»	1	1	3	»	1		
	St-Marcellin..								
	Vienne.....	»	1	1	1	»	1		
	Latour-du-Pin								
DRÔME.	Valence.....								
	Montélimart..	»	1	1	2	1	1		
	Die........								
	Nyons......	»	1	1	2	»	1		
HAUT.-ALPES.	Gap........	»	1	1	2	»	1		
	Embrun.....								
	Briançon....	»	1	1	2	»	1		
		1	7	8	17	1	12	84	366

ORGANISATION proposée.

ARRONDISSEM.	Conservateur.	Inspecteurs.	Sous-Inspecteurs.	Gardes généraux.	Gardes génér.-adj.	Commis.
Conservation.	1	»	1	»	1	4
Trav. d'art..	»	1	3	»	»	1
Grenoble....	»	1	2	4	1	2
Vizille......	»	1	2	4	1	2
St-Marcellin..						
Vienne.....	»	1	1	2	1	1
Latour-du-Pin						
Valence.....						
Montélimart..	»	1	1	1	3	1
Die........	»	1	1	2	2	1
Nyons......	»	1	»	1	1	1
Gap........	»	1	2	3	2	1
Embrun.....	»	1	1	2	2	1
Briançon....	»	1	1	1	2	1
	1	10	15	20	16	16

DÉPENSE ACTUELLE.

ÉVALUATION DES DÉPENSES.

	BUDGET	
	DE L'ÉTAT.	DES COMMUNES.
1 Conservateur à 9,000ᶠ (1).....................	9,000	
7 Inspecteurs à 5,000........................	35,000	
8 Sous-Inspecteurs à 3,000...................	24,000	
17 Gardes généraux à 2,000..................	34,000	
1 Garde général adjoint à 1,200..............	1,200	
12 Commis à 700............................	8,400	
84 Gardes domaniaux à 550..................	46,200	
366 Gardes communaux à 289.................		105,869
(1) Les chiffres ci-dessus ne sont pas ceux du traitement des titulaires actuels ; ce sont les chiffres moyens du grade.)	157,800	105,869

263,669 fr.

DÉPENSE DE L'ORGANISATION PROPOSÉE.

	BUDGET		
	de L'ÉTAT.	des COMMUNES.	à FIXER.
1 Conservateur à 9,000ᶠ.....................	9,000		
10 Inspecteurs à 5,000......................	50,000		
15 Sous-Inspecteurs à 3,000...	45,000		
20 Gardes généraux à 2,000.................	40,000		
16 Gardes généraux adjoints à 1,200..........	19,000		
16 Commis à 700...........................	11,200		
84 Gardes domaniaux à 550.................	46,200		
265 Gardes communaux de 350 à 450..........		106,000	
300 Gardes champêtres embrigadés avec subvention de 100 à 300...........................			60,000
72 Brigadiers pour le service de surveillance des torrents, à 700ᶠ.......................			50,400
	220,600	106,000	110,400

Différence de la dépense actuelle avec celle de
l'organisation proposée...................... 437,000 — 263,669 = 173,331 fr.

DES DÉPENSES ; DU CONCOURS DE L'ÉTAT, DES DÉPARTE-MENTS, DES COMMUNES ET DES PARTICULIERS.

L'augmentation de dépense pour le personnel administratif serait de 173,331 fr. Cette augmentation a pour objet de solder des services qui, bien que concourant au même but, n'ont pas tout à fait le même caractère.

Ainsi l'augmentation du personnel des agents et de leurs commis, et la création de 72 brigadiers sans triage, lesquels entraînent un accroissement de dépense de 113,331 fr., ont pour but principal de renforcer l'administration, afin de la mettre en situation de suffire à l'extension de ses obligations de police et de surveillance; tandis que la subvention de 60,000 f. pour les gardes champêtres embrigadés a principalement pour but la surveillance et un travail manuel sur les torrents.

Concours de l'État.

A qui devra incomber cette dépense?

Est-ce à ceux dont on a pour objet de protéger les intérêts?

Or ce sont les intérêts des détenteurs de toutes les propriétés qui sont exposées au fléau ; c'est, dans la zone montagneuse, presque tous les détenteurs de propriétés agricoles et industrielles; c'est, au fond des vallées et le long des rivières torrentielles, du Rhône même, tous les propriétaires riverains; ce sont les communes et les départements pour leurs routes et chemins, l'État pour toutes ses voies de transport par eau et par terre ; tous ces corps publics, pour le revenu que leur donne l'impôt.

Une réunion d'intérêts aussi imposants et aussi nombreux ne prend-elle pas le caractère d'intérêt public, et quand pour protéger cet intérêt, il s'agit de mettre à exécution des dispositions législatives et administratives telles que celles que nous avons formulées, cela ne devient-il pas une affaire d'ordre public à laquelle doit pourvoir le budget de l'Etat?

Mais il peut en être jugé autrement; dans ce cas tous les intérêts précités devront être groupés en un grand syndicat, dont la mission serait d'établir le coefficient du bénéfice de chacun dans l'entreprise, d'en conclure la part dans les dépenses et d'en assurer toutes les mesures d'administration et de comptabilité.

Nous admettons que cela est possible; mais cependant il ne faut pas se dissimuler que la pratique entraînerait une complication dans les rouages administratifs et une augmentation de dépenses et de difficultés.

Mais même dans cette dernière hypothèse, la dépense de 113,531 fr. qui a pour objet la rétribution des agents et des gardes, nous paraît avoir un caractère trop marqué d'administration et de police générales pour ne pas être mise à la charge du budget de l'Etat.

Il reste à évaluer trois autres sortes de dépenses et à indiquer les moyens d'y pourvoir : celles des travaux à opérer sur les cours d'eau; — celles du reboisement proprement dit; — celles correspondant à un dégrèvement d'impôts.

Travaux sur les cours d'eau. — Il ne s'agit ici ni du Rhône, ni de la portion inférieure des rivières torrentielles situées au fond des vallées, où la déclivité médiocre des pentes permet, à l'art de l'ingénieur, d'y construire des ouvrages efficaces contre les effets des eaux, où la richesse des propriétés riveraines justifie les dépenses de ces constructions. C'est là le domaine des ponts et chaussées.

Il s'agit de cet immense réseau où se ramifient ces grands

cours d'eau, là où l'excessive déclivité des pentes rend ineffi-
caces les grands ouvrages d'art et où le peu de valeur des
propriétés riveraines ne justifie que de faibles dépenses.

Sur ces cours d'eau, c'est le travail journalier d'un terrassier
industrieux, ce sont les endiguements et les constructions
rustiques et peu coûteuses qui seuls sont efficaces et seuls sont
praticables.

Concours des particuliers et des communes.

Les 721 préposés tant domaniaux que communaux, tous
devenus serviteurs de l'Etat, ne seraient pas seulement des
surveillants proprement dits, tous auraient plus ou moins pour
objet, un service qui leur rendrait applicable la dénomination
de cantonniers des torrents.

Que l'on tienne compte des travaux spontanément exécutés
par les propriétaires actifs et industrieux pour la défense des
terres productives qui avoisinent leurs habitations ; de ceux
faits aux abords des routes et chemins de diverses classes pour
leur défense et leur conservation, que restera-t-il à faire pour
donner à cette organisation les moyens nécessaires pour com-
pléter la défense ? Le concours assuré et discipliné d'un certain
nombre de prestataires munis de pioches, pics et haches.
Nous ne doutons pas que dans un grand nombre de communes
où l'utilité des travaux se trouvera plus évidente, où l'esprit
public aura pu être éclairé et préparé, ces cantonniers de
torrents et leurs chefs ne trouvent chez les habitants intéressés
à divers degrés, chez toute la population même, un concours
volontaire assez efficace pour suffire à tous les travaux.

Pour suppléer à ce concours, là où il fera défaut, nous proposons d'imposer aux communes un nombre fixé de journées
de prestation dont l'emploi serait réglé suivant un rôle arrêté

d'avance d'après les règles adoptées pour l'entretien des routes vicinales. Les travaux ainsi exécutés auront une valeur réelle très-considérable; auront-ils exigé une dépense égale? Si l'on considère que tous les habitants des communes rurales ont de nombreux jours de chômage, que beaucoup de ces travaux pourront être exécutés ces jours-là, on en conclura qu'avec un peu d'esprit de prévoyance et d'industrie, on pourra en grande partie employer à ces travaux des bras inoccupés; on aura donc créé des valeurs considérables.

Nous admettons que pour les travaux dont il s'agit, l'Etat aura suffisamment payé sa part contributive en donnant gratuitement le concours de ses préposés et agents pour la surveillance, la direction des travaux et leur exécution.

Reboisement. — Nous avons admis en principe qu'on ne pouvait exiger des travaux de reboisement, et que lorsque le boisement aurait été jugé nécessaire, si le propriétaire ne consentait pas à l'opérer, il ne restait qu'à l'exproprier, et à faire le boisement aux frais de l'Etat. Il en serait de même des terrains où l'on aurait jugé nécessaire d'établir des rigoles, etc.

Quelle serait approximativement l'étendue des terrains de ces catégories?

Dans notre conviction une jouissance du sol, en rapport avec sa destination naturelle, devra finir par lui rendre une couverture végétale et une pénétrabilité suffisante pour nous soustraire au fléau des torrents, ou du moins, circonscrire leurs effets au rayon de localités très-restreintes.

Ce n'est donc pas comme mesure généralement indispensable que nous proposons des travaux si simples et si peu dispendieux, et des reboisements; en général, ce sera comme moyen de hâter la restauration d'une puissante végétation ligneuse; en particulier, ce sera pour conjurer les périls encourus dans quelques localités exceptionnellement exposées.

Ce n'est donc que comme moyens adjuvants que nous clas-
sons ces travaux de reboisement et autres, attribuant à l'application de la loi et des règlements, à l'action de surveillance et
d'administration de l'organisation que nous avons proposée,
l'effet principal et même tout l'effet rigoureusement nécessaire
pour l'extinction des torrents.

Il résulte de là que la dépense de ces travaux n'est point une
dépense nécessaire, qu'elle ne peut être qu'utile ; qu'en somme
l'appréciation de son degré d'utilité, de l'opportunité et des
moyens d'y pourvoir, peut être abandonnée à l'avenir.

Cependant comme il est satisfaisant pour l'esprit et pour la
raison de ne rien laisser d'absolument incertain sur un pareil
sujet, nous allons chercher à indiquer, non pas une évaluation
précise de cette dépense, mais les limites qu'elle ne nous paraît
pas devoir dépasser.

Le travail fait à la fin de 1843, en exécution de la circulaire
n° 535 *bis*, conclut aux évaluations suivantes des terrains en
montagne tant communaux que particuliers dont le reboisement est nécessaire dans les trois département de l'Isère, de
la Drôme et des Hautes-Alpes.

Terrains communaux	77,000 hect.	Dépense	8,081,000 f.
— particuliers	34,000 id.	id.	7,849,000
Total...	111,000 h.		15,930,000 f.

Ce serait en moyenne une dépense de 143 f. 51 c. par
hectare.

La catégorie des terrains que nous avons admis devoir être
soumis à un régime exeptionnel, se compose ainsi qu'il suit :

Terres labourables de dernière classe et pâtu-
rages.................................... 421,831 h.
Terrains vains et landes................... 240,533
Forêts domaniales et terrains improductifs ... 163,000
Forêts communales et particulières......... 445,725

Total............... 1,271,089 h.

Il est hors de doute que les forêts contiennent des vides et
des peuplements clairiérés ou médiocres, et que pour être
amenées à un état satisfaisant, elles demanderaient des travaux
de repeuplement sur de vastes étendues ; mais notre but, on le
sait, n'est point de faire de la sylviculture proprement dite ;
c'est seulement de faire naître sur le sol la végétation nécessaire pour agir sur le régime des eaux. Or ce but sera suffisamment atteint dans les forêts par l'application des mesures
de police qui sont l'objet de notre projet de loi ; ou si des
travaux de repeuplement y sont jugés nécessaires, ce ne sera
que sur de faibles étendues.

Les terrains vains et les landes comprennent la zone immédiatement inférieure aux glaciers, les rochers à peu près
nus ; une minime partie de ces terrains pourra être soumise
aux travaux de reboisement ; ce sera principalement et presque
exclusivement dans les 421,831 hectares de terres labourables
et de pâturages que devront être exécutés des travaux de repeuplement.

Le prélèvement sur tous ces terrains des 111,000 hectares
dont le travail précité a présenté le reboisement comme étant
nécessaire, nous paraît exagéré ; il peut être, en tout cas,
considéré comme une évaluation maxima qui ne saurait être
dépassée.

Une discussion détaillée des frais de repeuplement ne serait
pas ici à sa place. Qu'on nous permette de rejeter celle précitée

comme étant évidemment exagérée, et de lui substituer ce court devis pour la plantation d'un hectare en essences résineuses.

10,000 plants à 4 fr.................... 40 fr.
 4,000   id. de remplacement à 4 fr. 16 fr. } 60 fr.
Création de pépinières.............. 4 fr.

Pour repeupler 111,000 hectares, ce serait une dépense de 6,660,000 francs qui représente l'évaluation maxima des travaux de reboisement nécessaires pour atteindre le but qu'on se propose.

En évaluant à 10 ans la période la plus courte dans laquelle ces travaux puissent être effectués, ce serait une dépense annuelle maxima de 666,000 francs.

A qui incomberait cette dépense ?

Cette opération de repeuplement sera-t-elle fructueuse pour les communes et les particuliers ?

Et si elle doit être fructueuse, les communes et les particuliers le comprendront-ils ; en tous cas auront-ils la volonté et la possibilité de faire une dépense qui entraîne, outre les frais précités, la privation de la jouissance suivant le mode actuel de culture, et dont le bénéfice ne sera réalisable que dans un grand nombre d'années ?

On admet en fait :

1° Qu'en moyenne, les terrains à repeupler sont situés loin des grands foyers de consommation et des voies régulières de transport ; que les frais d'exploitation y seront très-élevés, par conséquent que la valeur sur pied des produits accessoires sera sinon nulle, du moins très-faible, et celle des produits principaux médiocre ;

2° Que les populations, soit ignorance, soit égoisme, soit pauvreté, mettent le bénéfice de leur jouissance actuelle bien au-dessus des avantages que peut procurer la formation d'un capital dont les intérêts ne pourront être perçus que dans un avenir éloigné.

On croit pouvoir conclure de là que généralement les propriétaires ne pourront pas, ou s'ils le peuvent, ne voudront pas faire la dépense dont il s'agit.

Il faut donc compter que ce sera à l'Etat ou au syndicat qu'incombera cette dépense ? Sera-ce une dépense proprement dite, ou bien ne sera-ce qu'une avance recouvrable dans un laps de temps plus ou moins considérable ?

Les terrains qu'il s'agit de convertir en bois, se classeront dans une des catégories suivantes :

1° Ceux dont le sol, dans le mode actuel de culture, ne subit aucune détérioration, et auxquels, par conséquent, aucune mesure restrictive du droit de propriété ne peut être imposée ;

2° Ceux dont le sol est plus ou moins raviné, mais dont la restauration n'exige que quelques restrictions dans la jouissance actuelle ;

3° Ceux dont le mode de culture actuel est incompatible avec la conservation du sol, et à raison desquels une mise en réserve absolue doit être imposée aux propriétaires.

Le tableau ci-après présente une appréciation des résultats financiers de l'opération du reboisement de chacune de ces trois classes de terrains, d'où découle la solution de la question que nons avons posée.

CATÉGORIE.	Revenu annuel et net avant le reboisement.		Taux de capitalisation.	Valeur capitale.	Frais de reboisement.	Capital engagé dans le reboisement.	Valeur du terrain après le reboisement.	EXCÉDANT		OBSERVATIONS.
	Jouissance libre.	Jouissance réduite suiv^t la loi à intervenir.						du capital engagé sur la valeur créée.	de la valeur créée sur le capital engagé.	
1	4^f	4	5 0/0.	80	60	140	70	70	0	On pose en fait que pour les terrains de classe inférieure dont il s'agit, le placement se fait à un taux bien supérieur à celui des acquisitions de bonnes terres.
2	3	2	id.	40	60	100	70	30	0	
3	2	0	id.	0	60	60	70	0	10	

Nous admettons en fait que ce ne sera que très-exceptionnellement qu'il y aura nécessité de reboiser des terrains de la première catégorie, et que ce sera presque exclusivement des terrains des deux autres et particulièrement de la troisième.

Or, soit que le reboisement se fasse par expropriation forcée, soit qu'il s'opère par suite d'un accommodement dans lequel le propriétaire, ou participerait aux frais de reboisement, ou abandonnerait une portion de son terrain à l'Etat ou au syndicat, pour l'indemniser d'une partie de ses avances pour frais de reboisement, il devient évident qu'une portion des frais de reboisement que nous avons présentés comme évaluation maxima, n'est qu'une avance qui sera recouvrée, et n'est point une dépense proprement dite.

On comprendra que l'exécution des reboisements sur une grande échelle aura dû être précédée par la création de nombreuses pépinières et autres mesures préparatoires ; qu'en conséquence les dépenses n'atteindront leur taux moyen qu'après 3 ou 4 années.

Dégrèvement d'impôts. Les terrains reboisés par les communes et par les particuliers seront dégrevés d'impôts ; mais il n'y aura là qu'application des dispositions du Code forestier ; par conséquent ce n'est pas une dépense dont on doive exceptionnellement tenir compte.

Nous avons déjà avancé dans le courant de ce mémoire que dans les évaluations cadastrales, le revenu des forêts et des propriétés communales de toute nature avait été surestimé ; cette surestimation qui, dans un grand nombre de localités, est excessive, a eu pour effet de surcharger les communes d'impôts qui absorbent la meilleure partie du revenu, et les incitent à l'augmenter par une jouissance abusive.

Un dégrèvement ne sera là qu'un acte d'équité ; il ne peut donc être compris parmi les charges et les dépenses de l'opération dont il s'agit.

Ce dégrèvement peut être opéré, soit au moyen d'une nouvelle répartition dans chaque commune, soit par voie de diminution de l'impôt ; mais dans aucun cas, il ne peut avoir pour effet, soit une augmentation réellement onéreuse de l'impôt des propriétés particulières, soit une diminution sensible dans les ressources qu'il présente au trésor ; car l'impôt des propriétés communales des trois départements qui est inférieur à 200,000 francs, n'est que la vingt-cinquième partie du total de l'impôt foncier de tout le territoire, lequel dépasse cinq millions.

RÉSUMÉ ET CONCLUSIONS.

La puissance que nous attribuons à la végétation persistante des prairies, des pâturages et principalement à celle des bois est bien grande ; c'est celle d'empêcher la formation des torrents.

Cette végétation a été détruite ou appauvrie sur nos montagnes par la jouissance abusive des propriétaires ; les eaux pluviales ne rencontrant plus ces végétaux qui amortissent leur chute, qui les absorbent, favorisent leur infiltration dans le sol et leur évaporation, ralentissent leur course et dont les racines consolident le sol, ont acquis leur plus haut degré de puissance d'érosion et de transport, et les torrents se sont formés ou se sont agrandis.

C'est la jouissance abusive de l'homme qui a fait le mal ; nous attribuons à l'action spontanée de la nature le pouvoir de tout réparer ; mais il faut qu'elle soit protégée.

C'est pour cela que nous demandons des restrictions à la libre jouissance de la propriété.

Si, ainsi que nous le croyons, nous n'avons ni exagéré les bienfaits de la mesure, ni n'en avons atténué les effets onéreux, les derniers sont dans une proportion infime par rapport aux premiers.

Le droit de la société d'imposer ces restrictions ne nous paraît pas pouvoir être sérieusement mis en question.

Du côté des exagérations ou erreurs possibles dans l'application des mesures restrictives et répressives, y a-t-il plus à appréhender que de l'application de toutes les dispositions législatives qui maintiennent notre liberté d'action dans certaines limites ? C'est un accroissement d'autorité répressive qui sera donné au Gouvernement ? Doit-on appréhender qu'il n'en abuse? Dans quel intérêt pourrait-il le faire? Nous croirions faire un anachronisme en nous étendant davantage sur ce sujet.

L'opinion a été émise que c'était à l'administration des ponts et chaussées que devait être principalement déléguée l'initiative de la direction de la mesure.

S'il s'agissait d'opposer de grands travaux d'art aux effets des torrents, c'est effectivement à la science de l'ingénieur qu'on devrait recourir; mais ce dont il s'agit, c'est très-principalement de l'extinction des torrents par la conservation et la restauration des pâturages et des bois.

N'est-ce point là une attribution toute naturelle de l'administration forestière?

Le service de police et de restauration, auquel il faudra pourvoir, s'étendra sur tout le territoire, et particulièrement dans la zone la plus élevée, loin des vallées où s'exerce l'activité commerciale et agricole du pays, et dans lesquelles serpentent les grandes voies de communication et de transport, où sont cantonnés les préposés et les agents secondaires des ponts et chaussées.

Pour étendre leur action sur les régions précitées, il faudrait créer un cadre tout nouveau, et former le personnel à des attributions toutes nouvelles pour lui.

L'administration forestière a sur ces régions un cadre tout formé, tout exercé; il suffit de le renforcer.

Pour combattre les torrents, les limites du concours des deux administrations ne sont-elles pas fixées par la nature même des choses?

Aux ingénieurs des ponts et chaussées, les travaux de défense qui exigent l'art de l'ingénieur; c'est presque exclusivement au fond des vallées déjà riches et populeuses qu'ils sont efficaces, et que leur dépense n'est pas hors de proportion avec la valeur des propriétés à garantir.

Aux agents forestiers, les travaux de restauration de la végétation ligneuse et herbacée sur les terrains en pente, les endiguements rustiques, les déblais journaliers sur les rameaux des torrents, la police et la répression sur toutes les propriétés de la zone montagneuse.

Que si l'on intervertit les rôles, ne doit-on pas admettre que l'action administrative en sera plus maladroite et surtout plus coûteuse.

Quant à la dépense, dans les écrits antérieurs à celui-ci, des évaluations, mêmes récentes, aboutissent à des chiffres hors de proportion avec les nôtres.

Il s'agit de dépenses d'au moins cent millions pour dix départements environ, au premier rang desquels sont les Hautes-Alpes, la Drôme et l'Isère. Pour étendre notre proposition à tous nos départements montagneux, c'est au maximum une dépense totale sextuple de celle que nous avons présentée, soit :

$$\text{Dépense annuelle.}\begin{cases} 1^\text{o}\text{ Personnel} \dots & 113{,}000 \times 6 = & 678{,}000 \text{ f.} \\ 2^\text{o}\text{ Subvention à des} \\ \quad \text{gardes champ. .} & 60{,}000 \times 6 = & 360{,}000 \end{cases} \Big\} 1{,}038{,}000 \text{ f.}$$

$$\text{Capital avancé en partie recouvra-ble.} \dots \begin{cases} 3^\text{o}\text{ Reboisement, dé-} \\ \quad \text{pense maxima. .} & 6{,}666{,}000 \times 6 = 39{,}996{,}000 \text{ f.} \end{cases}$$

Les dépenses n°s 1 et 2 pour augmentation du personnel sont calculées de manière à pourvoir aux exigences exceptionnelles et temporaires de l'assiette du nouveau service ; elles devront diminuer considérablement avec ces exigences, et surtout à mesure que les effets des torrents s'amoindriront.

La dépense n° 3 est un maximum, et de plus elle n'est pas indispensable.

La disproportion de ces prévisions et de celles précitées est excessive ; en résulte-t-il que les unes ou les autres soient grossièrement erronées ?

Il nous suffira de faire remarquer que dans la voie généralement indiquée jusqu'à présent, c'est au travail de l'homme, c'est aux expropriations, c'est aux reboisements artificiels que l'on a surtout demandé le remède ; tandis que dans notre système, on a recours presque exclusivement à la répression des abus de jouissance et à la protection du travail spontané de la nature, lesquels ne coûtent que des frais de surveillance et d'administration et au plus quelques secours artificiels.

Devrons-nous prévenir cette objection possible peut-être, mais qu'il suffira de poser nettement pour la voir s'évanouir : l'incompatibilité des nouvelles attributions dont il s'agit avec la mission spéciale du ministère des Finances !

En principe, cette objection ne se trouve-t-elle pas résolue par l'annexion même à ce ministère de l'administration forestière, déjà chargée de la police des défrichements, de celle de la pêche et de la chasse, de la gestion des bois communaux ; cette section du ministère des Finances n'a-t-elle pas déjà pour principal objet, la culture et l'amélioration des forêts, n'a-t-elle pas un budget de dépenses pour des améliorations qui ne seront productives que dans un terme plus ou moins éloigné ? En fait, du moment que l'administration des forêts lui est annexée, toutes les attributions dont ce mémoire propose de charger le Gouvernement doivent lui appartenir.

ARRONDISSEMENTS.	NOMBRE des communes — non comprises dans cet état	— y comprises	TOTAUX — Contenance	— Revenu cadastral	— Revenu cadastral réel	— Contribution foncière en principal de tout le territoire	TERRAINS À SOUMETTRE À UNE SURVEILLANCE — Contenance des — Terres labourables de dernière classe	— Pâtures de 1re classe	— Pâtures des dernières classes	— Terres vaines et landes	— Terrains non imposés, cimetières, églises, domaine de l'État	— Forêts	— Total	Revenu cadastral — Terres labourables de dernière classe	— Pâtures de 1re classe	— Pâtures des dernières classes	— Terres vaines et landes	— Forêts	— Total	— Réel	PROPRIÉTÉS RESTÉES LIBRES — Contenance	Revenu cadastral réel — Particulières	— Communales	— Total	RENSEIGNEMENTS SUR LES PROPRIÉTÉS COMMUNALES — Contenance des — Forêts	— Autres	— Total	Revenu cadastral réel des — Forêts	— Autres	— Total	CONTRIBUTIONS — Foncière (principal)	— Main-morte	— Total
	1	2	3	4	5	6	7	8	9	10	11	12	13	14	15	16	17	18	19	20	21	22	23	24	25	26	27	28	29	30	31	32	33
GRENOBLE	11	204	397,081	1,128,620	12,456,956	1,390,729	18,425	29,412	27,585	29,811	.	106,548	241,390	57,542	48,338	52,410	10,322	403,949	349,378	1,360,827	.	11,065,050	31,009	11,096,129	30,080	96,878	136,898	271,165	165,033	436,801	26,734	15,473	40,2..
VIENNE	8	124	165,960	3,395,479	6,319,879	801,896	11,582	2,216	2,711	1,408	.	26,654	46,571	57,985	12,654	6,149	1,911	262,485	390,762	622,382	.	7,474,116	23,201	7,497,317	2,160	3,536	5,696	24,896	53,629	78,525	13,086	8,179	21,3..
SAINT-MARCELLIN	.	84	106,873	1,871,384	5,050,377	416,244	5,838	1,708	1,070	1,050	.	31,705	41,064	23,418	1,842	632	190	195,699	221,787	508,627	.	4,424,932	6,818	4,431,730	4,979	1,158	6,137	28,363	8,221	35,384	3,053	2,443	6,3..
LA TOUR DU PIN	6	119	141,191	2,283,488	5,675,963	481,156	7,105	1,717	2,403	493	.	24,053	23,771	24,485	7,458	3,141	591	182,586	216,241	520,448	.	6,008,906	22,612	6,089,418	1,601	5,595	5,196	14,115	43,484	57,599	6,063	4,166	10,8..
TOTAUX DE L'ISÈRE	25	531	811,005	12,323,676	32,485,875	2,890,054	42,744	35,250	63,769	32,764	61,000	190,958	426,485	143,452	70,289	42,339	13,021	1,078,677	1,347,708	3,371,261	374,520	29,030,884	83,730	29,114,614	58,760	95,167	153,927	335,340	270,909	606,509	48,456	50,961	78,7..
GAP	10	116	238,233	1,710,729	3,363,227	478,356	22,705	5,792	24,858	66,018	.	40,812	160,183	92,332	19,194	28,980	38,383	121,430	298,521	584,415	.	2,774,960	4,152	2,779,112	10,083	60,701	79,794	80,263	102,404	182,069	24,568	10,034	34,50..
EMBRUN	1	35	142,337	919,122	1,843,867	176,819	3,886	7,963	24,349	43,915	.	22,546	101,759	18,639	26,032	26,565	21,929	66,819	150,022	228,820	.	1,409,863	4,984	1,414,847	21,214	71,390	92,604	92,956	139,179	224,433	21,572	9,038	30,93..
BRIANÇON	.	27	149,866	600,606	1,892,614	127,042	1,919	8,000	50,043	26,309	.	28,671	116,842	12,117	18,033	40,132	15,091	44,056	150,049	529,064	.	1,362,966	7,384	1,370,550	27,440	82,740	110,180	106,106	211,718	317,834	19,882	5,177	25,05..
TOTAUX DES HAUTES-ALPES	11	178	530,476	3,230,437	6,699,808	782,217	28,310	21,755	99,248	135,242	66,000	92,029	442,784	123,088	63,279	95,715	74,008	232,305	388,392	1,134,999	87,692	5,547,789	16,790	5,564,509	67,747	214,831	282,378	278,627	446,501	724,928	43,632	27,270	70,90..
VALENCE	3	99	182,901	4,564,200	10,265,078	1,036,948	17,343	2,300	4,772	3,624	.	39,230	69,178	70,379	14,841	4,725	4,910	285,666	378,222	851,990	.	7,195,068	4,061	7,199,436	4,575	1,705	6,170	35,388	13,263	48,651	2,800	1,626	5,93..
MONTÉLIMAR	.	70	111,983	2,770,429	6,585,812	672,180	7,144	1,301	5,516	8,945	.	35,966	56,872	27,891	9,139	10,808	13,471	230,419	291,808	481,485	.	1,461,978	1,168	1,462,216	4,383	3,428	8,013	60,870	10,250	71,120	3,792	2,367	3,77..
DIE	1	115	233,327	2,322,997	6,323,471	445,168	23,265	7,847	26,914	41,430	.	68,902	165,384	58,056	17,752	23,217	34,051	215,817	350,003	651,005	.	1,290,586	10,947	1,297,410	16,462	24,834	41,296	62,807	46,574	109,381	4,828	3,018	5,97..
NYONS	8	66	107,261	908,949	1,863,082	191,833	13,173	5,424	13,447	18,822	.	25,640	74,406	24,023	6,924	7,936	12,173	78,253	128,409	263,238	.	1,374,717	1,324	1,375,978	5,309	9,777	15,086	26,341	13,923	38,264	1,932	1,220	2,90..
TOTAUX DE LA DRÔME	12	350	635,442	10,566,574	21,037,443	2,166,129	62,925	14,981	52,649	72,527	38,000	162,738	401,820	180,359	47,776	46,747	64,605	809,935	1,148,642	2,247,725	253,622	18,772,218	17,500	18,789,718	38,731	38,834	69,585	183,406	84,010	267,416	13,170	8,231	21,40..
ISÈRE	25	531	811,005	12,323,676	32,485,875	2,890,054	42,744	35,250	63,769	32,764	61,000	190,958	426,485	143,452	70,289	42,339	13,021	1,078,677	1,347,708	3,371,261	374,520	29,030,884	83,730	29,114,614	58,760	95,167	153,927	335,940	270,909	606,509	48,456	50,961	78,7..
HAUTES-ALPES	11	178	530,476	3,230,437	6,699,808	782,217	28,310	21,755	99,248	135,242	66,000	92,029	442,784	123,088	63,279	95,715	74,008	232,305	388,392	1,134,999	87,692	5,547,789	16,790	5,564,509	67,747	214,831	282,378	278,627	446,501	724,928	43,632	27,270	70,90..
DROME	12	350	635,442	10,866,574	21,037,443	2,166,129	62,925	14,981	52,649	72,527	36,000	162,738	401,820	180,359	47,776	46,747	64,605	809,255	1,148,642	2,247,725	253,622	18,772,218	17,500	18,789,718	36,731	38,834	69,565	183,406	84,010	267,416	13,170	8,231	21,60..
TOTAUX	48	1,059	1,976,923	26,120,707	60,222,826	5,838,400	134,179	71,986	215,666	240,533	163,000	445,725	1,271,080	446,899	181,344	184,821	151,631	2,120,237	3,084,832	6,753,063	695,834	53,350,891	117,980	53,468,841	137,238	349,832	506,070	797,573	801,280	1,598,853	105,258	66,762	171,02..

(*) Ce chiffre n'est pas la somme des nombres verticaux, il est celle des nombres horizontaux des colonnes 7, 8, 9, 10, 11, 12 et 13.

TABLE.